Beiträge

zum deutschen

Verlags- und Nachdrucksrechte

bei Werken der bildenden Künste,

im Anschluss an die Frage vom

Rechtsschutze der Photographie gegen Nachdruck.

Von

Max Neumann,

Dr. und Dozent der Rechte an der Universität Breslau.

BERLIN.

Verlag von I. Guttentag.

1866.

Den Herren Rechtsanwälten

A. W. Volkmann

in Leipzig

und

Dr. Oscar Wächter

in Stuttgart

freundschaftlichst gewidmet.

Vorrede.

Die nachfolgende Schrift umfasst nicht das ganze Gebiet des deutschen Verlags- und Nachdrucksrechtes bei Werken der bildenden Künste, sondern nur einige Haupttheile desselben. Ihre Auswahl knüpft sich an das der Arbeit zu Grunde liegende Thema vom **Rechtsschutze der Photographie gegen Nachdruck** nach den deutschen Nachdrucksgesetzen. Die juristischen Erörterungen und Resultate der Schrift zeigen zwar, wie es nothwendig ist, eine in sich freie und um ihrer selbst willen geführte Behandlung, unmittelbar jedoch oder mittelbar wird schliesslich stets das Gewonnene zur Lösung jener brennenden Frage des Nachdrucksrechtes verwendet. Seine besondere Erklärung findet Dies in Folgendem.

Der aus Rechtsautoritäten und namhaften Verlags-Firmen des Buch- und Kunsthandels gebildete „Verein deutscher Verleger zum Schutze gegen unbefugte Vervielfältigung" in Leipzig ehrte mich im Frühjahre 1866 mit der Aufforderung, eine kurze Denkschrift über den Rechtsschutz der Photographie gegen Nachdruck für ihn abzufassen, damit er dieselbe unter möglicher Mitwirkung des Börsenvereins deutscher Buchhändler an die einzelnen deutschen Regierungen überreiche und durch die bereits zugesagte Vermittlung der königlich sächsischen Regierung der deutschen Bundesversammlung unterbreite. Die auf Grund eines bereits im Jahre 1864 und 1865 von mir bis in das Detail ausgearbeiteten Entwurfes verfasste Denkschrift ist Anfangs Mai 1866 bei dem Verleger des obengenannten Vereins, (bei Robert Hoffmann in Leipzig) erschienen. Ihrem Zwecke entsprechend stützt sie sich vorwiegend auf die deutschen Nachdrucksgesetze und die amtlichen Aussprüche der artistischen Sachverständigen - Vereine und Gerichte in den deutschen Staaten und stellt in äusserster Kürze die daraus gefolgerten maassgebenden Sätze zusammen. Es war nöthig, diese Sätze eingehend unter Berücksichtigung der ganzen damit zunächst zusammenhängenden Gebiete des Verlags- und Nachdrucksrechtes zu begründen, und dabei neben den oben erwähnten Quellen die hierin nicht wenig zahlreiche und gerade über das spezielle obige Thema neuerdings sehr belebte Rechtsliteratur zu berücksichtigen. So bieten die hier vorliegenden „Beiträge“ die eigentliche juristische Ausführung meiner genannten Denkschrift, welche selbst an mehreren Stellen bereits auf diese Ausführung und Begründung hinweist.

Den Text der deutschen Nachdrucksgesetze entnahm ich aus dem Handbuch von Schletter 1846, der „Sammlung“ Eisenlohrs von 1856 nebst „Nachtrag“ von 1857, und aus der musterhaften „Zusammenstellung“ von A. W. Volkmann 1855, welche gleichzeitig verdient, unter der |von demselben Verfasser mehrfach so ausgezeichnet bereicherten| einschlägigen Rechtsliteratur genannt zn werden. Einzelne neue Gesetze, so wie die neuesten internationalen Rechtsschutzverträge deutscher mit ausserdeutschen Staaten lieferte mir das Börsenblatt der deutschen Buchhändler in den betreffenden Nummern, die letzten österreichischen Nachdrucksvorschriften das österreichische Reichsgesetzblatt. Für den wichtigen Bundesgesetzentwurf über den Schutz literarischer und artistischer Erzeugnisse gegen Nachdruck von 1864 benutzte ich das lithographirte Handexemplar des Herrn Rechtsanwalts A. W. Volkmann in Leipzig, welcher die Güte hatte, mir dasselbe zugleich mit den obengenannten Börsenblättern zuzusenden. Woher ich die sonstigen zahlreichen und mannigfaltigen Rechtsquellen dieses Themas erlangte, ist unten in der Schrift jedesmal angegeben. Ebenso finden sich dort alle Detailangaben über die zahlreiche Rechtsliteratur, soweit ich sie ausser den betreffenden Abschnitten in den Lehrbüchern des deutschen Privatrechts von Beseler, Bluntschli, von Gerber, Hillebrand, Walter, heranziehen zu müssen glaubte. Besonderen Dank spreche ich hierbei Herrn Franz Vahlen in Berlin für die so gütige Ueberschickung einer grossen und sonst zerstreuten Zahl einschlägiger Schriften aus, welche mir bei der eingehenden Revision meines, wie erwähnt, früher bereits entworfenen Manuskripts wesentliche Dienste leisteten.

Betreffs der allgemeinen Gesichtspunkte für die nachfolgende Schrift verweise ich auf die Einleitung derselben. Man gestatte mir nur, auf vier Momente der unten erörterten Rechtsmaterie hier kurz zu rücksichtigen.

I. Der § 2 führt aus, dass er keinen neuen allgemeinen Rechtsgrund des Urheber-Rechtsschutzes aufstelle. Damit steht offenbar nicht im Widerspruche, wenn die Schrift im § 2 selbst und an vielen andern Stellen betont, das Urheberrecht wurzle in dem mehr oder weniger selbständigen künstlerischen Schaffen des zu Schützenden. Letzteres thatsächliche Fundament bliebe ein blos thatsächliches und gäbe aus sich heraus oder nach den allgemeinen Rechtsgrundsätzen dem Urheber nicht das Recht, den, an sich nicht rechtswidrigen, Nachdruck zu verfolgen, wenn nicht die Gesetze ausdrücklich obiges thatsächliche Fundament als ein rechtliches erklärten. (Vergl. S. 23.) Dieses thun eben viele der bisherigen deutschen Nachdrucksgesetze mit ihrem an die Spitze gestellten Satze: „Der Urheber eines Kunstwerkes etc. hat allein das Recht seiner Vervielfältigung", z. B. § 1. 2. des preussischen Gesetzes vom 11. Juni 1837, § 1. 2. des österreichischen Gesetzes vom 19. October 1846. [Aehnlich urteilt auch Mandry in seinem Aufsatze über den Bundesgesetzentwurf in der Münchener kritischen Vierteljahrsschrift VII. S. 13 ff., welcher die von den Kunstwerken handelnden Theile des Bundesentwurfs ausdrücklich (S. 1. daselbst) von seiner Betrachtung ausschliesst, daher unten in der Schrift meist unberücksichtigt blieb.] Also gerade um jenes eröffnenden Satzes willen in den deutschen Nachdrucksgesetzen, und da sonst ein allgemeiner Rechtsgrund des Urheberschutzes — ausser dem „artistischen Eigenthume" in einigen, S. 24-32 genannten Gesetzen — von ihnen nicht aufgeführt wird, konnte auf S. 24. mit Recht behauptet werden, die Hauptzahl jener Gesetze theile den Standpunkt der Deliktsobligation, die das verletzte gesetzliche Urheberrecht bildet, erzeugt. (S. 23 u.)

In gleicher Weise, wie oben das preussische und österreichische Gesetz, beginnen der maassgebende Entwurf des Börsenvereins deutscher Buchhändler vom December 1857 und der auf ihn gegründete österreichische Entwurf von 1862 (s. S. 2, 51 der folgenden Schrift), und die Motive des Vorentwurfs (zu ersterem Entwurfe) vom Juli 1857 sagen ausdrücklich, man beabsichtigte damit, die Existenz des theoretisch angefochtenen Urheberrechts „gesetzlich zu sichern". Sie bestätigen also die obige Erklärung dieser Gesetzesstellen. Auch die Commission des wichtigen und in der nachfolgenden Schrift viel herangezogenen Bundesgesetzentwurfes von 1864 theilte die obigen Erwägungen (Protokolle ihrer Sitzungen S. 6. 119. ff. 209. ff. Mandry, Kritische Vierteljahrsschrift VII. S. 16). Ja im § 2. 49. alin. 1.

des Entwurfes und auf S. 120 ihrer Protokolle gab sie der Zustimmung vollen Ausdruck, indem sie sich darauf beruft, dass seit 30 Jahren „die Gesetzgebung" ein Urheberrecht statuirt habe. Zuletzt entschloss sie sich dennoch zur Voraufstellung des Nachdrucksverbotes selbst statt der obigen Sanktionirung des Urheberrechtes, weil das Urheberrecht erst durch das Nachdrucksverbot begründet werde. Hierin beging sie, meiner Ansicht nach, einen logischen Fehler; denn das vom Gesetze, z. B. in den oben zitirten Gesetzesworten, begründete Urheberrecht bildet bereits denjenigen递Haupttheil des Nachdrucksverbotes, dessen Verletzung eben untersagt wird. So begründet im preussischen Gesetze vom 11. Juni 1837 § 1, wie oben angegeben, das Urheberrecht, und § 2. schliesst daran erst das Nachdrucksverbot. – Daher gründet die nachfolgende Schrift S. 23 ff. und sonst das Urheberrecht und seinen Schutz auf die „Nachdrucksgesetze, nicht Nachdrucksverbote, und ebendaher rechtfertigt sich der auf S. 31 vor No. 28 gegen den Bundesgesetzentwurf ausgesprochene Tadel.

II. Es scheint bei den Berathern der ersten deutschen Nachdrucksgesetze vom Jahre 1837 ab allgemein die Ansicht verbreitet gewesen zu sein, dass mit dem Eigenthume des körperlichen Kunstwerkes stets auch dessen ausschliessliches Vervielfältigungsrecht erworben werde. Unten ist Dieses bei dem braunschweigischen und österreichischen Gesetze gezeigt, zum Theil auch bei dem preussischen. Aber selbst die von dem bahnbrechenden preussischen Gesetze (damals Entwurfe) vom 11. Juni 1837 beeinflusste Commission, welche am Bunde den nachmaligen Bundesbeschluss vom 9. November 1837 vorbereitete, erklärt auf die Frage, ob im Falle der Bestellung oder Veräusserung des Kunstwerks der Künstler oder der neue Eigenthümer das ausschliessliche Vervielfältigungsrecht erwerbe: „Man entfernt sich wohl am Wenigsten von den bestehenden Rechtsgrundsätzen (!), wenn man annimmt, dass nur der rechtmässige Besitz eines Kunstwerks die Befugnisse in sich schliesse, dasselbe zu veröffentlichen oder einen Andern zu dessen Veröffentlichung zu ermächtigen, so dass der Künstler, welcher auf Bestellung irgend ein Kunstwerk anfertigt, keineswegs die Befugniss zu dessen Vervielfältigung vor Abgabe desselben, oder auch nachher aus dem Gedächtniss, als unzweifelhaft für sich in Anspruch nehmen könne. Es versteht sich dabei von selbst, dass der Künstler sich auch in beiden Fällen das Recht vorbehalten kann, sein

Werk durch Vervielfältigung ausschliesslich zu verbreiten." Vielleicht eine Folge der Theorie vom artistischen Eigenthume?

So weit diese Grundsätze sich auf die Veräusserung des Kunstwerkes beziehen, sind sie auf S. 40—43 verurteilt; so weit auf dessen Bestellung, sind sie auf S. 43—46 im Wesentlichen angenommen. Im letzteren Falle rechtfertigt der Entwurf des Börsenvereins jene Sätze noch damit, dass der literarische Verleger über die zu seinen Verlagsartikeln bestellten und gelieferten Zeichnungen u. s. w. unbeschränkt müsse verfügen können, und dass allgemein der Besteller ein Kunst-Unikum erwerben wolle, welches, wenn er dessen Urheberrecht noch speziell ausser dem Kunstwerke bezahlen solle, er zum Nachtheile der Künstler garnicht erst bestellen werde. Der erstere Fall ist als Spezialität nicht für den allgemeinen Rechtssatz maassgebend und bereits aus dem darin liegenden Verlagsvertrage erledigt (so schon O. Wächter, Das Recht des Künstlers 1859. S. 40. Auch sein Verlagsrecht S. 187—192). Der letztere Fall legt ebenso den Parteien Intentionen unter, welche keineswegs allgemein auf die Bestellung von Kunstwerken ausgedehnt werden können, da sie hier ebenso oft fehlen, oder ausdrücklich werden vereinbart werden, als sie bei gewöhnlichem Erwerbe eines nicht bestellten Kunstwerks eintreten dürften. Eine Beeinträchtigung des Kunst-Absatzes ist hieraus weithin nicht abzusehen. Dass trotzdem und wieweit der Besteller mit dem Kunstwerke dessen ausschliessliches Vervielfältigungsrecht erwirbt, wird unten S. 43—46 anderweitig begründet. Wächter ist im „Recht des Künstlers" 1859 S. 39—41 noch dem eben ausgesprochenen allgemeinen Grundsatze abgeneigt, in der Deutschen Vierteljahrsschrift von 1863 S. 194—199 aber fordert er geradezu die unten, auf S. 45 dieser Schrift, abgedruckte gesetzliche Bestimmung, um das zu Zweifeln berechtigende Rechtsverhältniss sachgemäss zu reguliren.

III. Das Ende des Urheberrechts durch Verzicht schloss ich aus der Aufzählung S. 58 aus, weil er wirksam gegenüber jedem Dritten und verbindlich für den Verzichtenden nicht ausgesprochen werden kann. In die Rubrik II. a. *α.* daselbst fällt selbstverständlich § 29 des preussischen Gesetzes (s. S. 76), in die II. a. 5. fällt § 10 des österreichischen Gesetzes (s. S. 28). Auf S. 62, 64, 65 wird die Theil-Uebertragung vertheidigt; Cession ist sie natürlich nur in analoger Bedeutung, weil nur eine Seite des Urheberrechts, die „Ausschliesslichkeit“, im Verletzungsfalle eine Obligation begründet. (S. 23 u.)

IV. Das in Note 84 erwähnte höchst seltsame Würtemberger Erkenntniss 3. Instanz vom 24. November 1858 beruft sich wirklich, was mir zunächst unmöglich schien, auf das nur für Büchernachdruck erlassene Reskript vom 25. Februar 1815. Dieses nimmt von dem Privilegien-Nachdrucksverbote bei einer Schrift aus: deren Uebersetzung, Umarbeitung oder Auszüge (Eisenlohr, Nachtrag S. 47.) und ist in den Artikel I des Würtemberger Gesetzes vom 17. October 1838 derart übertragen, dass laut diesem den etc. künstlerischen Erzeugnissen der gesetzliche Schutz gegen den Nachdruck und gegen sonstige durch mechanische Kunst bewirkte Vervielfältigung in derselben Weise gewährt werden soll, „wie wenn ihnen nach dem Gesetze vom 25. Februar 1815 ein besonderes Privilegium deshalb ertheilt worden wäre“. Diesen Schutz, nur mit verlängerter Frist, übernahm dann das heutige Gesetz vom 24. August 1845. Art. I. (Eisenlohr, Sammlung S. 93. 96.) Obige Bestimmung des Reskriptes und sein scheinbar enger Zusammenhang mit dem heutigen Rechte bewogen seltsamerweise den höchsten Würtemberger Gerichtshof, den Rechtsschutz auch für Kunstwerke in so beschränktem Maasse zu ertheilen, dass eine lediglich in der Grösse abweichende Photographie einer Lithographie ihm schon ein selbständiges Kunstwerk zu sein schien, oder in gleicher Weise unverfolgbar, wie in literarischem Felde die Uebersetzung, Umarbeitung und – aus ganz anderem Grunde – der Auszug. – Noch einen neueren Fall vom 7. August 1862 mit gleicher Entscheidung und Begründung führt O. Wächter an (Deutsche Vierteljahrsschrift 1863 S. 191 ff.), zwiefach interessant, weil hier der abweisende Bescheid des Würtemberger Ministerii des Innern vom 11. April 1862 ausführt, selbst Lithographieen und Stahlstiche seien zu wenig selbstständige Kunstwerke, um den Gesetzesschutz gegen Nachdruck beanspruchen zu können. Und dieser der oben erwähnten gerichtlichen Motivirung gerade entgegengesetzte Bescheid rief dann, als Kläger in die dritte Instanz ging, ein Erkenntniss nebst Begründung, ganz wie die obigen vom 24. November 1858 gegebenen hervor! — Hierdurch wird also die Note 84 noch verstärkt.

Breslau, Mitte Mai 1866.

Max Neumann.

Inhalt.

Seite

I. Einleitung.

§ 1. Die Mängel des deutschen Nachdrucksrechtes für Werke der bildenden Künste und speziell für Photographieen. Entschädigungsklage. Abstellung der Mängel 1

II. Die rechtliche Natur des Urheberrechts und seines Rechtsschutzes, insbesondere für Werke der bildenden Künste.

§ 2. Die Bestimmungen der deutschen Nachdrucksgesetze und Gesetzentwürfe hierüber 20

§ 3. Erörterung dieser Bestimmungen für die Werke der bildenden Künste und für die Photographieen: — Formalitäten. Uebertragung des Urheberrechts. Verlagsrechtsgeschäfte. Rechtsfolgen der Veräusserung des Kunstwerks, der Bestellung desselben allgemein, speciell der Portraitbilder 32

III. Welche Werke der bildenden Künste werden in den deutschen Nachdrucksgesetzen geschützt?

§ 4. Die gesetzlichen Bestimmungen und diejenigen der Entwürfe 47

§ 5. Insbesondere die internationalen Rechtsschutzverträge deutscher und ausserdeutscher Staaten 52

§ 6. Erörterung dieser Bestimmungen: — Der Begriff des Kunstwerks und der rechtmässigen Nachbildung im Nachdrucksrechte vorläufig festgestellt. 2 Klassen der letzteren. Die Rechtsnatur des Urheberrechts an der rechtmässigen Nachbildung und sein Rechts-Verhältniss zum Urheberrechte am Vorbilde 54

Seite

IV. Die speciellen Rechtsverhältnisse der rechtmässigen Nachbildung insbesondere.

§ 7. Bestimmungen hierüber in den Nachdrucksgesetzen und Gesetzentwürfen 74

§ 8. Erörterung dieser Bestimmungen: — Die einzelnen Klassen. Das Recht der Nachbildung in einem andern Kunstzweige. Rein mechanisch. Das Recht der Nachbildung in einem andern Kunstverfahren 81

V. Die Rechtsverhältnisse der kunstähnlichen Werke wissenschaftlichen Charakters.

§ 9. Bestimmungen der Nachdrucksgesetze und Gesetzentwürfe 97

§ 10. Erörterung dieser Bestimmungen 99

VI. Die selbständige künstlerische Thätigkeit als Grund des gesetzlichen Urheberrechtes und seines Rechtsschutzes vornehmlich für Originalkunstwerke.

§ 11. Allgemein bei Werken der bildenden Künste 107

§ 12. Bei photographischen Schöpfungen insbesondere . . . 124

§ 13. Widerlegung der Einwände gegen § 12 129

§ 14. Anerkennung des Urheberrechts und Rechtsschutzes in der Photographie 140

I. Einleitung.

§ 1. Die Mängel des deutschen Nachdrucksrechtes für Werke der bildenden Künste und speziell für Photographieen. Entschädigungsklage. Abstellung der Mängel.

Die Werke der bildenden Künste fordern wesentlich aus denselben Gründen, wie die Erzeugnisse der Litteratur und die Schöpfungen der übrigen Kunstzweige, der Musik und Poesie, den Rechtsschutz gegen unbefugten Nachdruck und Nachbildung. Wegen der theilweisen Leichtigkeit ihrer Nachbildung, wegen des oft schwierigen Nachweises derselben als Nachdruck bestimmter Originale bedürfen sie um so dringender der eingehenden gesetzlichen Berücksichtigung; dazu kommt, dass ihr Absatz im Kunsthandel, wie derjenige aller Luxusgegenstände, von unberechenbaren, verschiedenartigen Ursachen bedingt schwankt, während ihre Herstellungskosten diejenigen der litterarischen Objekte des Rechtsschutzes meist weit übersteigen. Trotzdem ist ihr gesetzlicher Schutz in Deutschland, einer Hauptwiege der bildenden Künste und einem Hauptsitze des Kunsthandels, etwa zweihundert Jahre jünger, als derjenige der Schriftwerke, muss sich bis heute eine Reihe unbegründeter, mehr hinderlicher, als schützender Bestimmungen (amtliche Einregistrirung, Pflichtexemplar u. a.) gefallen lassen, und leidet nicht wenig durch seine ziemlich äusserlich motivirte Verbindung mit dem litterarischen Rechtsschutze. Einige der hieraus entspringenden Missstände werden unten in dieser Schrift berührt; daher rührt das Verbot nur der „mechanischen" Vervielfältigungen, falls sie unrechtmässig; daher die zweifelhafte Grenze der schutzberechtigten „Werke der Kunst" bei Originalen und rechtmässigen Nachbildungen; daher die schwankende Klasse der rechtmässigen Nachbildungen selbst, u. a. Diese Missstände lähmen das künstlerische Schaffen und dessen Wirkung auf die Kunstbildung des Volkes und den Kunsthandel um so fühlbarer, als die deutschen Nachdrucksgesetze und noch mehr die Praxis der Gerichte und künstlerischen Sachverständigen-Vereine der deutschen Staaten erheblich und in Grundfragen unter einander abweichen.

Die in den letzten zwanzig Jahren besonders wachsende Ausdehnung einzelner Zweige des Kunsthandels, welche weit über die Grenzen selbst der grössten deutschen Staaten hinaus sich Wege und Märkte suchen mussten, das völlige Darniederliegen anderer Zweige desselben liessen jene Missverhältnisse doppelt fühlbar werden und dringender die Nothwendigkeit der Abhilfe. Einzelne deutsche Regierungen veranlassten daher die Entwerfung von Nachdrucksgesetzen zum Schutze der Werke der bildenden Künste, so die österreichische Regierung, die sächsische, welche den Vorentwurf und Entwurf des Börsenvereins deutscher Buchhändler zu Leipzig vom Juli und December 1857 hervorrief und erst durch die „ungünstigen Zeitverhältnisse" von der Weiterführung dieser höchst schätzenswerthen Anfänge abgehalten wurde. Zum gegenseitigen Nachdrucksschutze schlossen fast alle Staaten Deutschlands mit England, Frankreich und zum Theil auch mit Italien in den letzten 10—15 Jahren internationale Verträge. Das Allg. deutsche Handelsgesetzbuch fasste die Geschäfte des Kunsthandels, wie diejenigen des Buchhandels und der Druckereien als eine besondere Klasse ausdrücklich unter seine subjektiven oder relativen Grund-Handelsgeschäfte (A. 272. Z. 5.), und wandte damit die Vorzüge dieses neuen Gesetzbuches und die gerade auf das Gebiet des Handelsrechtes mit Vorliebe jetzt gerichtete Geisteskraft der wissenschaftlichen Juristen auch ihnen zu, indem es zugleich durch diese spezielle Klassifizirung ihrer besonderen Rechtsnatur Genüge that. Die internationalen Künstlerkongresse zu Brüssel im September 1858, zu Antwerpen im August 1861, von namhaften Künstlern und Juristen besucht, regten eine Reihe wichtiger Rechtsfragen des bezeichneten Rechtsgebietes und deren möglichst einheitliche, sachgemässe Lösung auf gesetzlichem Wege an. Die deutsche Kunstgenossenschaft, welche sich zur Förderung künstlerischer Interessen etwa vor 10 Jahren bildete, setzte in ihren Kommissionen zu Düsseldorf, München, Berlin und anderen deutschen Städten die Bestrebungen jener Kongresse wesentlich fort durch Sichtung des sachlichen Materials, durch Petitionen an einzelne deutsche Regierungen, durch Beschlüsse und einen Gesetzentwurf von 1864. Die preussische Regierung beschäftigt sich seit mehreren Jahren mit der neuen, zeitgemässen Reform ihrer einst bahnbrechenden Nachdrucksvorschriften, wie sie 1861 bei den Berathungen des preussischen Abgeordnetenhauses über eine Petition der deutschen Kunstgenossenschaft durch ihren Kommissar erklärte. Bei der Bundesversammlung fasste eine dazu ernannte Kommission die Resultate ihrer eingehenden Berathungen 1864 in einem neuen Gesetzentwurfe für den Schutz von Schrift- und Kunstwerken gegen unbefugten Nachdruck zusammen; dessen Ausführlichkeit, — bis auf wenige von den Einzelstaaten zu regelnde Nebenpunkte, — gewährt die Aussicht auf eine dringend wünschenswerthe einheitliche deutsche Nachdrucksgesetzgebung. Bayern hat in schätzbarer Weise bereits den Bundesgesetzentwurf in allen wichtigen Theilen zum Gesetze erhoben am 28. Juni 1865. Alles Dies erinnert lebhaft an den ersten, trotz seiner Mängel anerkennenswerthen Aufschwung der deutschen Nachdrucksgesetzgebung, welchen vor 30 Jahren auf Grund des A. 18 der deutschen Bundesakte das preussische Gesetz vom 11. Juni 1837 und der Bundesbeschluss vom 9. November 1837 hervorriefen.

An solcher eifrigen Wechselthätigkeit zwischen den Mitgliedern der zu regelnden Lebensverhältnisse und den gesetzgebenden Faktoren und praktischen Juristen nahm die Rechtswissenschaft reichen Antheil. Die wachsende Menge des Materials besonders aus den hier berührten Lebenskreisen der Künstler, Kunsthändler u. a., aus der Praxis der Gerichte und Sachverständigen-Vereine liess die Rechtswissenschaft nicht mehr ausschliesslich bei der halb unfruchtbaren Untersuchung über den allgemeinen Rechtsgrund des Nachdrucksverbotes verharren, sondern leitete sie zur ausführlichen Erörterung über die Entstehung des künstlerischen Urheberrechtes, über die subjektive Berechtigung des Urhebers und seiner vollen oder theilweisen Rechtsnachfolger (Verleger, Nachbildner u. a.), über die Objekte jenes Urheberrechtes und seines Rechtsschutzes, über die Grenzen der rechtmässigen Nachbildungen von Kunstwerken und ihres selbständigen Rechtsschutzes. Alle diese Rechtsfragen finden in der nachfolgenden Schrift eine eingehende Erörterung. —

Ein nicht geringer Theil der fruchtbaren Anregung, welche aus dem Gebiete der Kunst auf die Juristen in Theorie und Praxis, wie gezeigt, ausgeübt wird, rührt von der Photographie her und dem Kunsthandel mit photographischen Schöpfungen.

Die Photographie errang sich in dem letzten Jahrzehnt immer wachsende Bedeutung für Darstellungen aus dem Felde der Industrie, der Wissenschaft (Meteorologie, Paläontologie, Chemie, Medizin, Archäolgie), und vor Allem der Kunst. Im Gebiete der Kunst vollzieht sie erfolgreich ihre wichtige Aufgabe, durch gute, wohlfeile und schnell vervielfältigte Original-Photographieen und photographische Nachbildungen klassischer Kunstwerke aus allen Zweigen der Malerei, Bildhauerei, Baukunst u. a., das Volk von den bisherigen in mehrfacher Hinsicht verwerflichen Erzeugnissen besonders der französischen Kunst und des französischen Kunsthandels zu befreien und es ästhetisch fortzubilden. Diese Sätze bedürfen keines Beweises mehr. Dank der Entwicklung der Chemie und den unermüdlichen Privat- und Vereinsbestrebungen der Photographen in der Technik ihres Kunstzweiges, in der eigenen wissenschaftlichen und künstlerischen Durchbildung, in der Aufwendung bedeutender materieller Mittel dazu hat sich jene vielfache Wichtigkeit und theilweise wissenschaftliche und künstlerische Unersetzlichkeit der Photographie gesicherte Anerkennung gewonnen.

Während so die Photographie im Gebiete der sinnlichen Darstellung mit Linien und Farben einen Theil der grossen Aufgabe der Buchdruckerkunst im ganzen geistigen Gebiete vollzieht, bedroht sie, wie diese, ein gemeinsamer Gegner, der unbefugte Nachdruck, welcher im Felde der Photographie besonders leicht herzustellen und durch kleine Abweichungen, Retouche u. dergl., zumal in den Augen des Richters, leicht zu verdecken ist. Er schädigt den materiellen Ertrag des ganzen photographischen Betriebes und lähmt so den Schöpfungstrieb der Künstler, die Unternehmungslust im Kunsthandel und die oben begründete ästhetische Fortbildung des Volkes. Diesen vierfachen und dauernden Schaden kann der erste, aber nur augenblickliche Erfolg des Nachdrucks, dass er sehr wohlfeile Nachbildungen verbreitet, nicht vergüten. Eine Konkurrenz gegen den Nachdrucker ist unmöglich, weil er die mit oft bedeutenden Kosten (z. B. für Reisen zu den Original-Kunstwerken, zu landschaftlich ausgezeichneten Orten, zu Kriegsschauplätzen u. a.) hergestellten Photographieen ohne diese Geldopfer abdruckt. Hierin liegt der Gegensatz gegen die Grundsätze des Freihandels, welchen an sich die photographischen, wie die übrigen Künstler und Kunsthändler fordern, nicht fürchten.

Dagegen strebten die Photographen und Kunsthändler einzeln und in Vereinen nach anderer Abhilfe, als der wirkungslosen Konkurrenz. Die Hauptfirmen des Kunsthandels schlossen die photographischen Nachdrücke von ihrem Betriebe aus. Man trat in der Tagespresse, in den photographischen Zeitschriften gegen den Missstand auf, man petitionirte bei den Regierungen und Kammern. Der deutsche Juristentag, die deutsche Rechtswissenschaft erörterten immer häufiger und mit Eingehung auf die dabei maassgebenden juristischen und künstlerischen Detailfragen das wachsend fühlbare Hinderniss und sein Rechtsverhältniss Auf ein Mittel, welches man neuerdings oft und zuversichtlich zur Abhilfe wählte, muss hier einen Augenblick ausführlicher eingegangen werden. Dasselbe lehrt zugleich, warum vornehmlich die meisten obigen Wege bisher fast erfolglos blieben.

Viele der photographischen Vereine, z. B. der Berliner, wollen auf juristischen Rath die gewöhnliche Entschädigungsklage als Mittel gegen die unbefugte Nachbildung anwenden.

Der Nachdruck greift in das Kriminalrecht und Civilrecht, die deutschen Nachdrucksgesetze behandeln diese beiden Rechtsseiten desselben enge verbunden, die kriminelle betrachten die meisten als die hauptsächliche (s. die S. 9—14 folgende Uebersicht). So erklären sich die zum Theil exceptionellen Verhältnisse im Nachdrucksprozesse. Der Antrag der durch Nachdruck Beschädigten auf kriminelle Verfolgung ist zulässig bereits nach Vollendung des Nachdrucks und vor Verbreitung der Nachdrucksexemplare [1]), die

---

[1]) Jolly, Die Lehre vom Nachdrucke 1852. S. 238. — v. Gerber Deutsch. Privat-Recht 8. Aufl. 1863. S. 565.

Entschädigungsklage erst nach der Verbreitung der letzteren. Einige Gesetze trennen die civile und kriminelle Seite im Nachdrucksprozesse derart, dass sie über jene den Civil-, über diese den Strafrichter entscheiden lassen. Der neue Bundesgesetzentwurf von 1864, § 41, stellt dies den einzelnen Landesgesetzen anheim, das bayrische Gesetz vom 28. Juni 1865, § 62, verweist die Entschädigungsforderung im Nachdrucksprozesse ausdrücklich vor das Civilgericht. Andere Gesetze geben demselben Richter die Competenz über die Strafverfolgung und den Entschädigungsanspruch, so dem Civilrichter § 17 des sächsischen Gesetzes vom 22. Februar 1844, jetzt [2]) dem Handelsrichter § 8 der sächs. Ausführungsverordnung vom 30. December 1861 z. Allg. deutsch. Handelsgesetzbuche, welches A. 272. Z. 5 die Geschäfte des Buch-, Kunsthandels und der Druckereien unter die subjektiven oder relativen Grundhandelsgeschäfte zählt [3]), dem Strafrichter das preussische Recht. [4]) Und während in letzterem allgemein für den Civilrichter im Entschädigungsprozesse die vorausgegangene Entscheidung des Strafrichters Hinsichts des

---

[2]) Nachdem schon früher das Leipziger Handelsgericht die Prozesse zwischen Verleger und Urheber entschieden hatte. Haubold Sächsisches Privatrecht 3. Aufl. 1847. 1848. II. § 434.

[3]) Im vortheilhaften Gegensatze zu allen übrigen neuen Handelsgesetzen, ausser einer Bestimmung i. A. 645 des russischen Handelsgesetzes. S. Goldschmidt Handbuch des Handelsrechts I. 1. 1864 S. 476. — O. Wächter. Zeitschr. f. Handelsrecht II. 480 ff. 501 ff.

[4]) Vergl. die Erkenntnisse des Ob.-Trib. v. 1. Juni 1859, 18. Januar u. 8. Mai 1861, 24. October 1864, bei Kaiser: Die preussische Gesetzgebung über Urheberrecht, Buchhandel, Presse 1862. S. 46 und dessen Ergänzungsbuch v. 1865. S. 26. 27. — Heydemann-Dambach. Die preuss. Nachdrucksgesetzgebung nach der Praxis des kön. litter. Sachverständigen-Vereins 1863. S. 179. 445. Dabei will das wichtige preussische Nachdrucksgesetz vom 11. Juni 1837 die Grenze zwischen Civilrecht und Strafrecht keineswegs beseitigen. — S. auch Heydemann-Dambach ebend. S. 13. 27. 37. 70. 345.

Beweises der dem Entschädigungsanspruche zu Grunde liegenden Thatsachen nicht maassgebend ist, ausser wo besondere gesetzliche Bestimmungen das Gegentheil rechtfertigen [5]), befreit doch im Nachdrucksprozesse die kriminelle Freisprechung wegen Mangels des objektiven Thatbestandes den Beklagten auch vom Entschädigungsanspruche. [6]) Die Verurteilung im Strafprozesse setzt dem Nachdrucke des Verurteilten ein für alle Male ein Ziel durch die Geld- oder Freiheitsstrafe, durch Konfiskation der Nachdrücke, der Nachdrucksvorrichtungen (Formen, Platten, Steine, Modelle u. a.), in einzelnen Fällen sogar durch Verlust des Gewerbes (z. B. in Oesterreich nach § 476 des Strafgesetzbuches und § 25 des Nachdrucksgesetzes vom 19. October 1846).

Geht daher der durch Nachdruck Beschädigte lediglich im Wege der gewöhnlichen Entschädigungsklage gegen den Nachdrucker vor, so büsst er zunächst alle die nach obiger Ausführung für ihn in dem kriminellen Nachdrucksprozesse gegebenen wichtigen Vortheile ein, wird selbst zu immer neuen Entschädigungsklagen wegen jedes neu hervortretenden Schadens genöthigt und treibt den Beklagten durch

---

[5]) S. u. a. den Plenar-Beschluss des Ob.-Trib. vom 15. December 1856 (Justiz-Minist.-Blatt von 1857. S. 59).

[6]) Erkenntniss des Ob.-Trib. vom 11. September 1846. Entscheidungen XIII. S. 134. — S. Kaiser Gesetzgebung S. 46. — Für die beschädigte Partei ist diese Gestaltung bequem, an sich aber nicht wünschenswerth, zumal die preussischen Vorschriften des Strafprozesses, die sogenannte Verordn. vom 3. Januar 1819 und das Gesetz vom 3. Mai 1852, nicht besondere Bestimmungen für eine derartige civilprozessualische Thätigkeit des Kriminalrichters enthalten. Der Missstand aus der vereinigten Competenz zeigt sich vornehmlich Hinsichts der Eidesdelation, der Rechtsmittel, allgemein betreffs der Verzögerung des Strafprozesses. Richtiger erscheint daher eine Ueberweisung der Entschädigungsklage im Nachdruckprozesse an den Civilrichter. — Vergl. auch Dambach, der Adhäsionsprozess in den Nachdrucksuntersuchungen (Allg. D. Strafr.-Ztg. 1861. XXIII. Sp. 360.) — Dagegen Goltdammer in seinem Archiv XIII. S. 19 ff., welcher die im Strafrichter vereinigte Competenz befürwortet.

die Verurteilung zum Schadensersatze, mittelst weiteren Nachdrucks seinen Verlust in Gewinn zu wandeln.

Aber der Entschädigungsprozess führt zweitens aus doppelten Gründen gar nicht zur Verurteilung des Beklagten im Falle des Nachdrucks von Photographieen.

Der Kläger kann seinen Schaden nicht specificiren, noch weniger beweisen. Es handelt sich um den von unberechenbaren Umständen beeinflussten, wechselvollen Absatz von Luxusgegenständen, und der Preis der Nachdrücke ist wesentlich geringer, als der der Vorbilder. Daher bleibt hier selbst der Beweis mittelst Durchschnitts-Beträgen unzulässig, es fehlt der Maassstab des regelmässigen Absatzes und der Causalnexus zwischen dem Nachdrucke des Beklagten und dem Schaden des Klägers [7]).

Das lehren auch die besonderen Bestimmungen über die Berechnung des Schadens, über die Zumessung der Strafe, über die Funktionen der Sachverständigenvereine in den deutschen Nachdrucksgesetzen. Die wichtigsten dieser Vorschriften folgen hier in selbständiger Durcharbeitung alphabetisch geordnet [8]).

Der Bundesbeschluss vom 9. November 1837 a. 4 weist den Verletzten noch volle Entschädigung zu; Nachdrücke

---

[7]) Ganz abgesehen ist hier noch von dem oft besonders schweren Beweise, dass der Nachdrucker wissentlich den Nachdruck verübte und nicht darin entschuldbar irrte (Jolly, Lehre vom Nachdruck S. 92 u. 238), dass die Verbreitung der Nachdrücke wissentlich geschah, dass der Nachdrucker gerade das Vorbild des Klägers nachgebildet habe. Kleine Aenderungen, Retouche u. a. können, zumal in den Augen des Richters und bei Photographieen, den Nachdruck täuschend verdecken, ja selbst für Richter und Sachverständigen-Vereine den juristischen und technischen Entscheid schwankend machen, ob im Sinne des Gesetzes ein Nachdruck vorliege (s. § 6 und 8).

[8]) S. meine Denkschrift „Der Rechtsschutz der Photographie gegen Nachdruck.“ Abschn. II.

und Nachdrucks-Vorrichtungen werden fortgenommen, dazu kommt die Strafe der Landesgesetze. Der B. B. vom 19. Juni 1845 a. 4—7 giebt schon der Entschädigungshöhe eine feste Grundlage in dem Verkaufspreise einer richterlich festzusetzenden Anzahl von Exemplaren des Originalwerks, welche bis auf 1000 Exemplare ansteigen kann; grössere Entschädigungsforderung verlangt speciellen Beweis. Dazu Geldbusse bis 1000 fl. Wo es dem Richter nöthig scheint, soll er in dem Prozesse „das Gutachten von Sachverständigen (Künstlern, Kunstverständigen, Kunsthändlern) einholen.“ Diese Vorschriften gelten in vielen deutschen Staaten unmittelbar als Gesetz, in den übrigen bilden sie die Grundlage für die Schadensbestimmungen der einzelnen Nachdrucksgesetze.

Betreffs Bayerns siehe dessen wichtiges neues Gesetz vom 28. Juni 1865 unten bei dem Bundes-Gesetzentwurf von 1864.

In Braunschweig bestimmt das Gesetz vom 10. Februar 1842 § 14, 15, 19 Maximum und Minimum der Schadensforderung, darüber hinaus ist specieller Beweis nöthig. Geldstrafe, weitere Strafen des Strafgesetzes, Beschlag der Nachdrücke und ihrer Vorrichtungen, resp. Ueberweisung derselben an Kläger. § 20 fordert Sachverständige, besonders auch für die Schadens-Schätzung. Wo sie eingesetzt sind, ist dies stets ein Hauptpunkt ihres Gutachtens.

Ebenso, sogar bis zum Gewerbeverlust, in Oesterreich nach dem Gesetz vom 19. October 1846 § 25—33 und dem seit 1. September 1852 geltenden Strafgesetze § 467.

Ebenso in Preussen laut Gesetz vom 11. Juni 1837 § 10—16, 17, 30, 31 und die Instruction für die Sachverständigen vom 15. Mai 1838 § 5 ff. Die Befolgung ihres Gutachtens ist dem Richter anheimgegeben [9]); nicht aber die

[9]) Präj. des Ober-Trib. vom 13. Mai 1857. — Kaiser, die preussische Gesetzgebung in Bezug auf Urheberrecht, Buchhandel, Presse, S. 50 Nr. 2.

Punkte ihrer Befragung, welche § 31 a. a. O. ausdrücklich aufzählt[10]).

Desgleichen in Sachsen schon laut Mandat vom 17. März

---

10) Das Erk. des Ob.-Trib. v. 13. October 1859 (Kaiser a. a. O. S. 50 Nr. 3) hält die Einholung eines Gutachtens des Sachverständigen-Vereins über die Höhe der wegen Nachdrucks zu leistenden Entschädigung für nicht wesentlich; wenn in dieser Beziehung von keiner Seite ein Antrag gestellt ist, kann der Instanzrichter davon absehen und die Schätzung selbst vornehmen. Kühns, Gesetzentwurf d. d. Kunstgenossenschaft 1864. S. 33. N. 24, folgert offenbar mit Unrecht hieraus allgemein, dass der Richter freies Ermessen über die dem Sachverständigen-Vereine vorzulegenden Fragen habe. Das obige Erk. besagt dies in seinen Worten schon nicht. Dazu kommt, dass es sich zunächst auf literarischen Nachdruck und § 17 bezieht, nicht auf den entsprechenden § 31 für Kunst-Nachdruck. In § 17 aber wird gerade geschieden: „Scheint es dem Richter zweifelhaft, ob eine Druckschrift als Nachdruck" u. s. w. — und dem gegenüber: „oder wird der Betrag der Entschädigung bestritten". Man sieht, wie das obige Erk. gerade um dieser letzten Worte willen den Antrag der Partei im Nachdrucksprozesse entscheiden lässt. Aber der § 31 scheidet gar nicht so, sondern schreibt geradezu vor: „der Richter hat, wenn Zweifel entsteht, ob ... (5 Fälle, darunter:) wie hoch der Betrag der dem Verletzten zustehenden Entschädigung zu bestimmen sei.., in gleicher Weise, wie in § 17 verordnet ist, das Gutachten eines aus Sachverständigen gebildeten Vereins zu erfordern." Letzterer Hinweis auf § 17 sagt nur, in § 17 sei auch die Befragung des Sachverständigen-Vereins angeordnet; denn von einer etwaigen Art und Weise der Befragung (wie man an sich das „in gleicher Weise" auch verstehen könnte) enthält § 17 kein Wort. So weist auch § 31 dem artistischen Sachverständigen-Vereine die Entscheidung darüber zu, ob ein Werk ein wissenschaftlicher Stich im Sinne des § 18, oder ein Kunstwerk im Sinne des § 21 sei u. s. f., § 17 dagegen dem literarischen Sachverständigen-Verein nur die technische Entscheidung, ob ein Schriftwerk verbotenen Nachdruck enthalte, nicht aber, ob es zu den schutzberechtigten Werken des § 1 ff. gehört; und das Erk. des Ob.-Trib. vom 29. October 1857 spricht ausdrücklich letztere Competenz dem literar. Sachv.-Verein ab. Vergl. Heydemann und Dambach, d. preuss. Nachdrucksgesetzgebung S. 131, und Goltdammer, Archiv VI. S. 204 ff. — Vergl. auch Verf. vom 25. Februar 1842 Nr. 1 u. 2 und vom 11. September 1858, beide über das Verfahren bei Einholung von Gutachten dieser Sachv.-Vereine. J.-M.-Bl. von 1842 S. 106 ff. und von 1858 S. 298. Ebenso sagt das Erk. des Ob.-Trib. v. 13. November 1861 (s. Kaiser, Ergänzungsheft S. 30, 31), dass der Richter das Sachv.-Gutachten auf Parteiantrag einholen muss, ohne ihn darf.

1831 § 3, dann im Gesetz vom 22. Februar 1844 § 6—9, 18. Besonders bezeichnend für diesen Punkt ist die weite Fassung von § 16, wonach Rechtsverfolgungen hier nur so weit statthaft sind, als anzunehmen ist, „dass durch die unbefugte Vervielfältigung ein dem Berechtigten nach § 1 zukommender, schon stattfindender oder möglicher Erwerb geschmälert werde." Vergl. auch Verordnung vom 22. Februar 1844, art. V.

Der Entwurf der deutschen Kunstgenossenschaft von 1864, § 6: Strafe zwischen 50—1000 Thlr. resp. Gefängniss bis 6 Monate. Der Schaden muss nach allgemeinen Grundsätzen bewiesen werden, andernfalls soll er betragen die Summe, welche aus der Zahl der abgesetzten Nachdrucksexemplare zu einem Preise sich ergiebt, der zwischen dem Ladenpreise des Originalexemplars und dem des Nachbildungsexemplars in der Mitte liegt. Unter besonderen Umständen darf nach freiem Ermessen die so sich ergebende Summe gemindert werden. Die Nachbildungsexemplare mit allen Formen und sonstigen Mitteln ihrer Hervorbringung werden confiscirt, die ersteren darf der Berechtigte in Anrechnung auf seinen Schadensanspruch übernehmen. Der Sachverständigenverein (10 bildende Künstler, 2 Kunsthändler, 1 präsidirender Jurist) muss befragt werden darüber, ob im einzelnen Prozesse ein zu schützendes Kunstwerk, eine unbefugte Nachbildung oder Theilnahme daran vorliegt, ob und wie hoch der Schadensanspruch der Berechtigten anzuerkennen; er kann nach richterlichem Ermessen noch in andern Fragen befragt werden; § 6—8.

Der Entwurf des neuen Bundesgesetzes von 1864, dem das erwähnte neue Bayrische Gesetz vom 28. Juni 1865 fast wörtlich folgt, fordert § 37 bei Vorsatz und Fahrlässigkeit des Nachdruckers (und wesentlich ebenso des Nachdruck-Verbreiters innerhalb und ausserhalb des Geltungsgebietes dieses Gesetzes § 38) volle Entschädigung, ohne Schuld nur Haften im Betrage der Bereicherung (eine neue und treffliche Unterscheidung). Der vorsätzliche Nachdrucker zahlt ferner eine Geldstrafe bis zu 600 Thlr. (1000 fl. in Bayern) und verliert die ihm gehörigen (es ist überflüssig; bayrisches Gesetz: „so weit sie noch nicht in das Eigenthum Dritter übergingen“) Nachdrücke. Dem fahrlässigen oder schuldlosen Nachdrucker werden letztere mit Beschlag belegt und nach seiner Wahl bis zum Ablaufe der Schutzfrist aufbewahrt (doch gewiss auf seine Kosten?) oder nach Entkleidung von ihrer gefährdenden Form ihm zurückgegeben. (Der Passus ist nicht klar, zweifelhaft in der Ausführung, zweifelhafter im Erfolge.) Stets werden die Nachdrucks-Vorrichtungen mit Beschlag belegt bis zum Ende der Schutzfrist, oder bis zur Entkleidung von ihrer gefährdenden Form. § 39: Im Unvermögensfalle werden die confiscirten Nachdrücke zunächst zur Befriedigung des Verletzten nach richterlicher Schätzung verwendet; die übrigen Nachdrücke werden vernichtet oder durch den Fiskus veräussert, doch, so lange ihnen nicht die gefährdende Form genommen oder die Schutzfrist abgelaufen ist, nur an den Verlagsberechtigten mit Vorbehalt der Rechte etwaiger anderer Verlagsberechtigter. § 40: Die Eigenthümer der beschlagenen Nachdrücke und Vorrichtungen dürfen diese an den Verlagsberechtigten mit gleichem Vorbehalte (§ 39) veräussern. § 41: „Ueber die den Beeinträchtigten gebührende Entschädigung hat das zuständige Gericht nach Maassgabe der in jedem Lande bestehenden Gesetze zu erkennen.“ Das sind in Bayern nach § 62 des Gesetzes vom 28. Juni 1865 die Civilgerichte.

Mit letzterer Bestimmung weist der Entwurf auf die oben erwähnten Maximal- und Minimal-Grenzen der Entschädigung in den einzelnen Gesetzen und auf deren Hinzuziehung der Sachverständigen. In letzterem Punkte indess bleibt er leider noch hinter dem § 12 des österreichischen

Entwurfes zurück, welcher den Richter dem Vereins-Gutachten frei gegenüberstellt. Eine ausdrückliche Heranziehung der Sachverständigen in weiterer Ausführung des B. B. vom 19. Juni 1845 a. 7 ist nothwendig, und eine obligatorische Befragung derselben durch den Richter, mindestens über die Höhe der Entschädigung gemäss § 21 des Entwurfes des Buchhändler-Börsenvereins vom December 1857, wenn nicht gar über die 3 in § 8 des obigen Entwurfes der Kunstgenossenschaft aufgestellten Punkte[11]). Davon findet sich, was schlechterdings nicht zu billigen, nirgends etwas in dem Entwurfe. Demgemäss fehlt auch in dem bayrischen Gesetze vom 28. Juni 1865 der nöthige Abschnitt von den Sachverständigen, an deren Stelle die Gerichte gesetzt sind. Dagegen ist hier, wie erforderlich war, das Verfahren für Nachdrucksprozesse eingehender berücksichtigt (§§ 60—67), als in dem Bundesentwurfe. Wie soll vom Richter ohne Sachverständige die in § 37 ff. wiederholt angeführte „Entschädigung" resp. „Bereicherung" berechnet und bewiesen werden? Hierin liegt einer der Hauptmängel des sonst zum einheitlichen deutschen Nachdrucksgesetze nicht ungeeigneten Entwurfes.

Um den oben erwähnten Umständen noch mehr Rechnung zu tragen, wird, wo bei Entschädigungsansprüchen im Nachdrucksprozesse der Verkaufswerth einer bestimmten Zahl rechtmässiger Exemplare des nachgedruckten Werkes maassgebend sein soll, der Nettopreis, nicht der Ladenpreis derselben in Rechnung gezogen, wie § 7 des sächsischen Gesetzes vom 22. Februar 1844 es ausdrücklich vorschreibt[12]).

---

[11]) Eine treffende Ausführung giebt Kühns, Gesetzentwurf S. 34—36.

[12]) So ist auch die Praxis des preuss. litterarischen Sachv.-Vereins, entsprechend § 1019 I, 11 des Allg. preuss. Landrechts. Heydemann — Dambach, die preussische Nachdrucksgesetzgebung etc. S. 267, 272, 547, 563, 582. Vergl. auch Jolly, Lehre vom Nachdruck, S. 286. O. Wächter, Das Verlagsrecht, 1857. 1858. S. 682. — Kaiser, Gesetzgebung etc. S. 47.

Ferner, um einen Anhalt für den Durchnittsabsatz des nachgedruckten Werkes zu gewinnen, nimmt man als Regel die Zahl der verkauften Nachdrücke an, und erwartet den offen gelassenen weiteren Beweis des Beschädigten[13]). Bei den ungleichen Preisen der Nachdrücke und der rechtmässigen Exemplare ist dieser Anhalt offenbar nur halb der Wahrheit entsprechend. Da völlig das Richtige weder hierdurch, noch durch die künstlichere Berechnung in dem Entwurfe der deutschen Kunstgenossenschaft § 6 sich erreichen lässt[14]), so scheint das Geeignetste, das obige gesetzliche Maximum und Minimum, mit Freilassung weiteren Beweises des Klägers, dem Ermessen des Richters unter Anhalt an das Gutachten der Sachverständigen-Vereine anheimzugeben.

Für die Nachbildung photographischer Erzeugnisse aber greifen selbst alle diese Bestimmungen der Gesetze und Annäherungswege der Praxis gar nicht Platz. Denn sie setzen voraus, dass die photographischen Originale oder rechtmässigen Nachbildungen den Rechtsschutz der Gesetze gegen Nachdruck geniessen. Hierin liegt der zweite und Hauptgrund gegen die Entschädigungsklagen der Photographen.

Der Schadensklage der Photographen fehlt der Rechtsgrund, das Nachdrucksverbot bei Photographieen, welches den dadurch zugefügten Schaden zu einem rechtswidrigen macht. Die bisherigen Nachdrucksgesetze wendet der Richter — mit Ausnahme einzelner Gesetze und einzelner Stellen aus denselben (s. § 6, 8 u. a.) — nicht auf den Nachdruck von Photographieen an; besondere Nachdrucksgesetze oder authen-

---

13) So die Praxis des in voriger Note genannten Vereins. Heydemann — Dambach a. a. O. S. XXV. Das preuss. Ob.-Trib. sagt nur, die Berücksichtigung der abgesetzten Nachdrücke ist bei der Entschädigungsrechnung nicht ausgeschlossen. Erk. vom 26. September 1851 (Striethorst, Archiv II. 372).

14) Vergl. dazu die Motive bei Kühns, Gesetzentwurf S. 36.

tische Auslegung der bisherigen zu Gunsten der Photographieen erstrebt man, ausser in Bayern, erst in den deutschen Staaten u. a. Bunde. Das „litterarisch-artistische Eigenthum" fügt sich ohne besondere Gesetze nicht für den Richter in die Rechtssätze des gewöhnlichen Eigenthums; bei beiden Fällen handelt es sich ferner principaliter um die „selbständige künstlerische Thätigkeit" des schutzberechtigten „Urhebers" oder „Eigenthümers", und diese bleibt dem Richter fast ausnahmslos in Deutschland bei Photographieen noch zweifelhaft. Spezielle Privilegien ihres Rechtsschutzes existiren nicht, ebenso wenig ein anderer Rechtsgrund, wie schon nicht für den Nachdruck allgemein, so besonders nicht für denjenigen der Photographieen, und wenn allenfalls noch in der Rechtswissenschaft, so doch gewiss nicht für den Richter (s. § 2. 3). Daher würde die Nachdrucks-Schadensklage der Photographen fast überall in Deutschland durch den Richter von vornherein zurückgewiesen werden müssen[15]).

In letzterem Punkte liegt der Hauptgrund, weshalb fast alle die oben erörterten Bestrebungen zu Gunsten der photographischen Erzeugnisse gegen Nachdruck bisher erfolglos blieben. Ihre stete und nachhaltige Erneuerung bezeugt die Dringlichkeit der Sache. Dahin gehört, dass eben jetzt die vom Verfasser dieser Abhandlung gefertigte Denkschrift über den Rechtsschutz der Photographie gegen Nachdruck durch den Verein deutscher Verleger zum Schutze gegen unerlaubte Vervielfältigung in Leipzig den deutschen Regierungen und dem deutschen Bunde unterbreitet wird. Die obige Dringlichkeit wird um so fühlbarer, weil die Bedeutung der Photographie sich immer mehr Anerkennung ihres künstlerischen Schaffens erwirbt, aber auch immer schädlicheren Nachdruck hervorruft; ferner,

[15]) Dies betont auch bereits die Petition des Wiener Photographen-Vereins a. d. österreich. Justizministerium. (Börsenblatt von 1863 Nr. 73.)

weil immer häufiger in den Abweisungen der photographischen Nachdrucksklagen durch Gerichte und Sachverständigen-Vereine sich die Schutzlosigkeit der Photographie offenbart, während man ihre Vervielfältigungen als rein mechanische verfolgt; endlich, weil die durch internationale Nachdrucks-Verträge fast mit allen Staaten Deutschlands verbundenen Länder Frankreich und England photographische Erzeugnisse gegen Nachdruck gesetzlich schützen, diesen Rechtsschutz auf die zu ihnen gelangenden deutschen Photographieen ausdehnen, dem dortigen photographischen Nachdrucke aber die Kunstmärkte Deutschlands zu gesetzlich unbehelligtem Absatze zuweisen.

Abhilfe ist nur zu schaffen durch Gewährung des Rechtsschutzes für Photographieen gegen unbefugten Nachdruck. Es gilt nachzuweisen, dass die photographischen Schöpfungen mit den in den deutschen Nachdrucksgesetzen geschützten künstlerischen Originalen und rechtmässigen Nachbildungen im Wesen übereinstimmen. Also gerade die S. 4 aus dem Verlags- und Nachdrucks-Rechte der Kunstwerke allgemein genannten speziellen Rechtsfragen sind auch hier von Wichtigkeit in ihrer Anwendung auf die Rechtsnatur der Photographie. Bei Erörterung jener allgemeinen Sätze wird diese Schrift jedesmal auch die letztere spezielle Seite derselben berücksichtigen. Dagegen scheiden hier von der ausführlichen Behandlung aus die mehr äusserlichen Theile des Verlags- und Nachdrucksrechtes, so die Frage von den gesetzlichen Formalitäten für den Rechtsschutz (Eintragung in amtliche Register, Pflichtexemplar u. a.), von den Schutzfristen für Originale, rechtmässige Nachbildungen u. s. w., ferner die Seite der Verletzung des Urheberrechts (der „mechanischen unbefugten Vervielfältigung“), wenn gleich alle diese Rechtsfragen im Anschlusse an die obigen Hauptpunkte oft mittelbar Gegenstände der Erörterung bilden.

So strebt diese Schrift mit bestem Willen und im Vereine mit stärkeren und umfassenderen Mitteln ausser ihr vielleicht nicht ganz vergeblich, gerade in dem gegenwärtigen, für die Reform der Nachdrucksgesetze in Deutschland nach obiger Darlegung, so wichtigen und günstigen Zeitpunkte dahin mitzuwirken, dass einige Hauptmissstände für den Rechtsschutz der Kunstwerke und speziell der Photographieen beseitigt werden. Mögen die hier gewonnenen Resultate in der Rechtswissenschaft und in der Praxis der Gerichte und artistischen Sachverständigen-Vereine allmählich Anerkennung finden, mögen sie zu einer authentischen Auslegung der einschlagenden deutschen Nachdrucksvorschriften führen, mögen sie bei den mehrfach in Deutschland begonnenen neuen Nachdrucksgesetzen berücksichtigt werden, immer ist der Zweck dieser Untersuchungen erreicht. Die königl. sächsische Regierung hat auch hier den Weg zeitgemässer Reformen mit Entschiedenheit eingeschlagen. Durch die königliche Kreisdirektion zu Leipzig hat sie 1863 von einer Commission ein Gutachten über die Anwendbarkeit des sächsischen Nachdrucksgesetzes vom 22. Februar 1844 auf photographische Erzeugnisse hervorgerufen, welches mit einer unbedeutenden Ausnahme (s. unten § 12) alle photographischen Originale und Nachbildungen als schutzberechtigte Werke der Kunst im Sinne des obigen, wie allgemein der deutschen Nachdrucksgesetze erklärte. Dieses Gutachten wurde von besonderer Wichtigkeit in der sächsischen Gerichtspraxis, welche bis dahin auf Grund einer klaren, doch merkwürdig ausgelegten[15a]) Bestimmung des obigen sächsischen Gesetzes selbst Stahlstiche, Lithographieen und andere Nachbildungen dieser Art für schutzlos hielt. In dem neuen Bundesgesetzentwurfe von 1864 zum Schutze von Schrift- und Kunstwerken gegen Nach-

---

15a) Volkmann, Die Werke der Kunst i. d. deutsch. Nachdrucksgesetzen etc. München 1856. S. 3. 25 ff. 31 ff.

druck liegt trotz seiner mannigfachen Mängel, welche, so weit hierher gehörig, unten besprochen werden, ein bedeutsamer Schritt zu Gunsten des obigen Rechtsschutzes vor. Allein er ist erst ein Entwurf. Nach § 55 ferner schützt er — naturgemäss — die vor seiner Geltung erschienenen Kunstwerke nur so weit, als dieselben in allen oder einzelnen der Staaten, in welchen das Gesetz zur Geltung kommt, bisher Kraft Gesetzes gegen Nachdruck geschützt waren. Das bayrische Gesetz vom 28. Juni 1865 hat den Bundesentwurf — nicht ohne etliche seiner Unvollkommenheiten — bereits mit Gesetzeskraft versehen. Es gilt, dass er, befreit von seinen Schwächen, Bundesbeschluss werde und als Grundlage eines einheitlichen deutschen Nachdrucksrechtes in alle deutsche Staaten Eingang gewinne.

II.

Die rechtliche Natur des Urheberrechts und seines Rechtsschutzes, insbesondere für Werke der bildenden Künste.

§ 2. Die Bestimmungen der deutschen Nachdrucksgesetze und Gesetzentwürfe hierüber.

Die Schrift beabsichtigt nicht, einen neuen juristischen Grund des Nachdrucksverbotes aufzustellen, sondern nach kurzer Uebersicht der bisher darüber vertheidigten Ansichten[16]) die einschlägigen Bestimmungen der wichtigsten deutschen Nachdrucksgesetze in selbständiger Durcharbeitung vorzuführen, sie ausführlich zu erörtern und ihre Anwendung auf das Urheberrecht der photographischen Erzeugnisse zu prüfen.

Man gründete das Nachdrucksverbot Anfangs — und zwar

---

16) S. hierüber ausser den deutschen Privatrechts-Lehrbüchern von Beseler, Bluntschli, v. Gerber, Jolly's Lehre vom Nachdruck, O. Wächter's Verlagsrecht, noch Warnkönig in der Münchener kritischen Vierteljahrsschrift für Gesetzgebung und Rechtswissenschaft I. 186 ff., Dumoulin compte rendu du congrès artistique d'Anvers. 40 ff. 220 ff. Stubenrauch in der österreichischen Vierteljahrsschrift für Rechts- und Staatswissenschaft 1862. II. 195 ff. (Bericht über den Congress von Antwerpen), und besonders v. Gerber in Gerber's und Ihering's Jahrbüchern III. 359 ff., dann H. Ortloff ebend. V. 263 ff. und Harum in der österreichischen Vierteljahrsschrift XI. 269 ff.

lediglich zum Schutze von Schriftwerken[17]); es währte lange, ehe die Kunstschöpfungen sich gleichen Vorzugs erfreuten[18]), und auch dann wurde er ihnen nur im engsten und oft höchst nachtheiligen Anschlusse an das litterarische Nachdrucksverbot bis heute — auf die Privilegien, welche für das Reich der Kaiser, für die Territorien die geistlichen und weltlichen Landesherren bis zu den städtischen Obrigkeiten hinunter einzelnen Schriftstellern ertheilten. Danach suchte die Rechtswissenschaft nach dem allgemeinen Rechtsgrunde, aus welchem sich das Nachdrucksverbot herleiten liesse.

Aus dem Vermögensrechte des Autors folgerte man den Rechtsschutz und aus dem seiner Rechts-Nachfolger. Man nannte das Vermögensrecht a) entweder das artistische Eigenthum des Autors, d. h. die unbeschränkte Herrschaft über die in seinem Kunstwerke dargestellte schöne, selbständige Idee (s. § 11.), als über ein geistiges, doch in Gelde verwerthbares Objekt.[19]) b) Oder man nannte es das ausschliessliche pekuniäre Nutzungsrecht des Autors an dem künstlerisch-selbständigen Gehalt des Kunstwerks, ein „Vermögensgewerbs-Recht." — Allein die juristische Konstruktion dieser zwei Rechte erweist sich bei dem hier vorgezeichneten Objekte als unmöglich; besonders existirt ein Eigenthum hier immer nur an dem körperlichen Kunstwerke, seinen verviel-

---

17) Schon lange vor der Zusage der Wahlkapitulationen von Leopold II. und Franz II., s. unten § 4.

18) Wesentlich erst seit dem Bundesbeschlusse v. 9. Novbr. 1837.

19) Neuerdings trat noch Lienbacher hierfür, ohne neue Begründung, ein: Historisch-genetische Erläuterungen des österr. Pressgesetzes 1863. S. 67 und Wiener Ztg. v. 20 und 21. Febr. 1864 (über den Rechtsschutz der Photographie). Der Hauptnachdruck bei dem Worte „artistisches Eigenthum" liege im Eigenthum eines Erzeugnisses der geistigen Natur, dessen Eigenthümlichkeit sich in ihrem Hauptertrage durch Vervielfältigung offenbare; letzteren schütze man im artist. Eigenthum. Ueber seine weiteren Folgerungen s. unten, besonders § 11. 12. — S. Kaiser Ergänzungsheft der preuss. Pressgesetzgebung etc. S. 43.

fältigten Exemplaren und den Vorrichtungen zur Herstellung beider (den Formen, Modellen, Platten u. dergl.). Dazu kommt, dass das vermögensrechtliche Moment hier (vorwiegend bei Luxusgegenständen) oft des Beweises ermangelt, daher auch das sächsische Gesetz vom 22. Februar 1844 die — praktisch wenig brauchbare – Voraussetzung für die Ertheilung des Urheber-Schutzes macht, „dass solche ... Werke der Kunst zum Gelderwerbe benutzt werden können und hierzu, wie aus der gewöhnlichen Anwendung oder den besonderen Umständen erkennbar sein muss, wirklich bestimmt sind." (§ 1.) Endlich bezweckt das Nachdrucksverbot hauptsächlich, aber nicht lediglich, dem Urheber den Ertrag seines Werkes zu sichern, vielmehr handelt es sich dabei auch um die Forderung des Publikums, den künstlerischen Gehalt möglichst zu verbreiten, daher die beschränkte Schutzfrist u. a. (Weitere Berücksichtigungen b. Bluntschli. D.P.R. 3. Aufl. 1864 S. 115.)

Daher leitete man das Nachdrucksverbot aus dem sogenannten Autorrechte, einem persönlichen Rechte, welches die Anerkennung des natürlichen Zusammenhanges zwischen Autor und Werk als eine Offenbarung seines persönlichen Geistes in sich begreift. Allein dies ist nur ein thatsächlicher „Zusammenhang", dessen Konstruktion zu einem „persönlichen Autorrechte" einerseits nicht nothwendig ist, um das ausschliessliche Verfügungsrecht des Autors über sein Werk (z. B. dessen Veröffentlichung) zu erklären, andererseits nicht ausreichend ist, um darauf das ausschliessliche Vervielfältigungsrecht des Autors und demgemäss das gesetzliche Nachdrucksverbot zu gründen.

Diese Missstände heben sich nicht bei der Annahme eines „für Ehre und persönliche Freiheit wchtigen Rechtes" gemischter Natur des Autors.

So wendete man sich zu der Stufe der Privilegien äusserlich zurück. Man gründet das Urheberrecht und seinen

Schutz lediglich auf die positiven Nachdrucksgesetze. Aus Ursachen der Billigkeit (s. § 1) schützen diese den Urheber (des Kunstwerks mit mehr oder weniger selbständigem, künstlerischem Gehalte) und seine Rechtsnachfolger in der alleinigen, doch — mit Rücksicht auf die vom Urheber anerkannten, ebenso berechtigten geistigen Forderungen des Publikums und gewisser selbständiger Nachbildner — theilweise beschränkten Nutzung des Kunstwerks als Vermögensobjektes gegen die an sich nicht rechtswidrige Konkurrenz des Nachdruckers (Nachbildners) durch das ausdrückliche Verbot des Nachdrucks und durch die Unterwerfung des Nachdruckers unter Entschädigungspflicht und Strafe, falls er das Verbot übertrat.

Die feiner sich unterscheidenden Variationen dieser Hauptansichten, wie sie z. B. in den über Nachdrucks-Schutz zu Brüssel vom 27.—30. September 1858 und zu Antwerpen im August 1861 abgehaltenen internationalen Kongressen auftauchten, können hier übergangen werden.

So weit die angeführten Rechtsansichten sich auf die natürliche Billigkeit oder auf das aus dem selbständigen künstlerischen Gehalte seines Werkes entspringende Recht des Urhebers zur ausschliesslichen Vervielfältigung beziehen, erweisen § 1. 3. 6. 8. 10. 11 ff. dieser Schrift, dass sie auf photographische Erzeugnisse gleichfalls Anwendung finden. In der Hauptsache aber erstreben sie, einen allgemeinen Rechtsgrund für die Grundsätze des Urheberrechtes zu finden, sie berühren daher nicht das Wesen des Kunstwerks allgemein, noch einer speziellen Kunstgattung insbesondere, stehen an sich daher der Anerkennung des Urheberrechtes aus einem der obigen Gründe auch für Photographieen nicht entgegen.

Diese Schrift tritt der Ansicht bei, dass das Urheberrecht eine Deliktsobligation bildet, lediglich auf die Nachdrucksgesetze gestützt. Es handelt sich jetzt darum, nachzuweisen, welche Gründe die deutschen Nachdrucksgesetze selbst für das Urheberrecht anführen, und in wie weit diese Gründe auf Photographieen auszudehnen sind.

Die deutschen Nachdrucksgesetze stehen vorwiegend auf obiger Stufe der Privilegien und der Deliktsobligation, einige erkennen das „artistische Eigenthum" im obigen Sinne an. Dazu fügen sie die hier unwesentlichen Bedingungen der Ausübung des Urheberrechts, so Schutzfrist, Formalitäten (Pflichtexemplare, Anzeigen bei den Behörden), sei es für die Ausübung des ganzen Rechtes, sei es nur für die Klaganstellung, sei es gar nur für den Beweis oder die blosse Erleichterung des Beweises. Die Bedingungen setzen schon die Existenz des Urheberrechts voraus, dieses wird für sich durch die rechtmässige Schaffung des Kunstwerkes erworben.[20]) Wir lassen die Gesetze in Betreff der Gründe des Urheberrechtes folgen, soweit sie über Werke der bildenden Künste selbständige und wichtige Bestimmungen enthalten, und zwar zuerst die hierher gehörigen Bundesbeschlüsse in chronologischer Folge, dann in alphabetischer Ordnung die Landesgesetze, -Verordnungen u. s. f., endlich die wesentlichen neuen und neuesten Entwürfe von Nachdrucksgesetzen. Dieselbe Reihenfolge wird unten stets beobachtet werden.[21])

Der Bundesbeschluss vom 9. November 1837 a. 1. 2.

---

20) Vergl. z. B. das Erk. des preuss. Ober-Trib. v. 24. Februar 1864. J.-M.-Bl. 1864. S. 78. Daher ist nach § 26. 27 des preussischen Gesetzes vom 11. Juni 1837 der Schutz des nicht veröffentlichten Werkes gegen unbefugten Nachdruck von der Anmeldung des ersteren ganz unabhängig. — S. auch Goltdammer Die Strafbare Nachbildung von Kunstwerken 1864. S. 18 oben, der sogar eine weitere nicht zu billigende Folgerung daraus zieht (vergl. unten).

21) Eine ausführlichere Berücksichtigung der Gesetze in meiner Denkschrift vom Rechtsschutz der Photographieen, III a.

sichert das Recht des Urhebers an dem im deutschen Bundesgebiete erschienenen[22]) Originalkunstwerke von Vermögenswerth oder dessen, welcher dieses Recht erwarb („des Herausgebers, Verlegers, ihrer Erben und Rechtsnachfolger") gegen die mechanische Vervielfältigung des Originals und deren wissentliche Verbreitung, — und zwar nur während einer bestimmten Schutzfrist. a. 2. meint mit dem „Eigenthum des artistischen Werkes" offenbar nur das Eigenthum in gewöhnlichem Sinne an dem körperlichen Kunstwerke resp. an den Vorrichtungen (Formen, Platten u. s. w.) seiner Vervielfältigung und an diesen selbst. Denselben Sinn hat die in den deutschen Nachdrucksgesetzen sehr oft wiederkehrende allgemeine Bezeichnung „Eigenthum am Kunstwerke, am Originale" u. dergl.

[Wo das sogenannte „artistische Eigenthum" in obigem Sinne gemeint ist, wird dies speziell bemerkt werden.]

Der Bundesschluss vom 19. Juni 1845 desgleichen, nur macht er die Ausübung jenes Schutzes in allen deut-

---

[22]) Zweifelhaft bleibt — unter Berücksichtigung der Entstehung des Bundesgesetzes —, ob die Worte so allgemein, ohne Rücksicht auf die Nationalität des Urhebers, der doch eigentlich geschützt werden soll, gemeint sind. Dafür erklären sich Bornemann Preussisches Civilrecht III. 208 ff. Volkmann in der Deutschen Vierteljahrsschrift von 1846 S. 196—204. Jolly Nachdruck 138 ff. 141. Wächter Verlagsrecht 392 ff. — v. Gerber Deutsches Privat-Recht, S. 563 sagt statt „erschienenen": entstandenen, und scheint sich damit der obigen engeren Auslegung anzuschliessen Vergl. unten bei Preussen die Entscheidung des Ober-Trib. vom 4. Juni 1856 (Goltdammer Archiv IV. 683 ff.), welche für den dem obigen Bundesgesetze analogen Ausdruck im § 38 des preuss. Gesetzes v. 11. Juni 1837 ebenfalls die engere Auslegung betont Derselben Ansicht neigt auch Kaiser zu, Preussische Gesetzgebung u. s. w. Ergänzungsheft S. 2 oben. Den Zweifel zu beseitigen, schützt der Entwurf des Börsenvereins deutscher Buchhändler vom December 1857 im § 63 ausdrücklich die innerhalb des deutschen Bundesgebietes vervielfältigten und bei dort ansässigen Verlegern erscheinenden Werke ausländischer Urheber.

schen Bundesstaaten von der Erfüllung der Bedingungen und Förmlichkeiten abhängig, welche dieserhalb in dem deutschen Staate, in welchem das Originalwerk erscheint, gesetzlich vorgeschrieben sind (a. 3). Der so in den Bundesgesetzen gewährte Schutz der Urheber soll nur als Minimum desselben angesehen werden, welches die Landesgesetze beliebig erweitern können.[28])

Für Baden führt das badische Landrecht, geltend seit 1. Jan. 1810, II. 2 cp. 6. § 577 d. a. — d. h. die Theorie des sogenannten Schrift- (resp. artistischen) Eigenthums (ob. nr. 2a.) vollständig durch. Dieses Eigenthum erstreckt sich auf „Handschrift und Inhalt", enthält das Vervielfältigungsrecht, geht, gleich jedem andern, auf Andere über; das Eigenthum an der Handschrift geht bei Uebergabe derselben an den Verleger auf diesen, das am Inhalt beschränkt sich durch den Verlagsvertrag u. s. f. — Dagegen die Verordnung vom 17. September 1847 tritt obigen Bundesvorschriften bei und verlangt nur als eine der dort berücksichtigten Förmlichkeiten die Einreichung eines Pflichtexemplars an die Regierung gegen Empfangsschein, welcher erst die Ausübung des Urheberrechts gegen den Nachdruck ermöglicht.

In Bayern vergleiche über das neue Gesetz vom 28. Juni 1865 unten den Bundesgesetz-Entwurf von 1864.

Für Braunschweig hält das Gesetz vom 10. Februar 1842 § 1 ff. 7 ff. 10. die Bundesbestimmungen aufrecht. Der jedesmalige Eigenthümer des Originalkunstwerks wird hier ausserdem dem Urheber zur Seite gestellt, er erwirbt mit dem Eigenthum zugleich das Recht des Urhebers zur Vervielfältigung, falls dieser resp. seine Erben sich nicht sogleich bei der Uebergabe des Werks letzteres Recht allein durch

---

[28]) So fasst sie auch z. B. gegenüber den preussischen Nachdrucksgesetzen auf das Erkenntniss des Ob.-Trib. v. 13. October 1859. Just.-Min.-Bl. v. 1859. S. 430.

einen Vertrag in glaubhafter Form vorbehalten und den Vertrag der Regierung zur Einregistrirung vorlegen.

In Frankfurt a. M. gründet der Rathsschluss vom 27. Januar 1657 das Recht zur alleinigen Vervielfältigung nur auf kaiserliche Privilegien, der Rathsschluss vom 9. Februar 1660 erkennt schon das Urheberrecht selbst an (alin. 7 ff.), der Rathsschluss vom 22. August 1775 tritt dem ersteren bei Publikation des kaiserlichen Reskripts vom 7. Juli 1775 zur Seite. Alle handeln zunächst nur von Schriftwerken. Heute gelten hier die obigen Bundesvorschriften seit dem 3. April 1838 und 8. Juli 1845.

Der Rathsschluss Hamburgs v. 16. März 1838 a. 2. stimmt wesentlich mit den Braunschweiger Vorschriften pun Bundesbeschlüssen, ebenso der Rathsschluss v. 25. November 1847, der, wie viele der durch den Bundesbeschluss v. 19. Juni 1845 beeinflussten neuen Nachdrucksgesetze der deutschen Staaten — die jedesmalige Erwähnung dessen scheint an dieser Stelle überflüssig — nur die Ausübung des Urheberrechts durch eine längere, als die bisherige, Schutzfrist und die Pflichtexemplar-Vorschrift modifizirt. (a. 2. 11.)

Auch Luxemburg steht auf dieser Stufe in dem Gesetz v. 2. Januar 1817 a. 1. „un droit exclusivément reservé à leurs auteurs" und deren Verlegern. a. 3–6: Schutzfrist und Pflichtexemplar.

Desgleichen erkennt in Oesterreich das durch Vollständigkeit und Folgerichtigkeit ausgezeichnete Gesetz v. 19. October 1846 obiges Urheberrecht an, welches es nur im § 1, ohne seine juristische Natur damit ändern zu wollen, so bezeichnet: „die Werke der Kunst bilden ein Eigenthum ihres Urhebers" u. s. w., und zwar erkennt es das Recht an in Beziehung auf alle gegen Erfüllung der vorgeschriebenen Bedingungen erscheinenden Werke „ohne Unterschied der Nationalität ihres Urhebers" (§ 36). Dem Urheber stehen, abgesehen von besonderen Verträgen, im Schutze gegen Nachdruck gleich a) der Besteller eines Werkes, welcher dessen Bearbeitung und Ausführung nach einem gegebenen Plane und auf seine Kosten an einen Anderen übertragen hat; b) der Ausgeber oder Unternehmer eines Werkes, welches durch die Lieferungen selbständiger Beiträge mehrerer Mitarbeiter gebildet wird; c) der Herausgeber eines anonymen oder pseudonymen Werkes. § 10. Diese Berechtigten müssen, um jenes Recht auszuüben, sich das Recht zur Vervielfältigung bei Veröffentlichung des Original-Kunstwerkes ausdrücklich (resp. mit Anzeige bei der Behörde) vorbehalten und es in 2 Jahren nach letzterer Veröffentlichung ausführen. § 11. Jeder Eigenthümer des Originales erwirbt mit diesem auch das Vervielfältigungsrecht, wenn nicht das Gegentheil vereinbart ist. §§ 13—24 Schutzfristen.

Ebenso in Preussen das schon dem obigen fundamentalen Bundesbeschlusse v. 9. November 1837 ausser mehreren andern deutschen Nachdrucksgesetzen und noch neuerdings dem Entwurfe des Börsenvereins v. 1857 zu Grunde gelegte Gesetz v. 11. Juni 1837 § 21 ff.[24]), und zwar nur für die

---

[24]) Ueber den Ausdruck „Eigenthum an Werken der Wissenschaft und Kunst" sagt 1835 ein Erkenntniss des Ober-Trib.: Unter geistigem Eigenthum kann nicht ein Eigenthum auf den geistigen Inhalt der Schrift, sondern nur das Recht des Schriftstellers auf ausschliessliche Vervielfältigung der Schrift und deren Mittheilung an das Publikum verstanden werden. (Simon und v. Strampff Rechtsspr. IV. S. 239.) Und hierüber Homeyer in der juristischen Wochenschrift v. 1838 S. 216, worin er jenes „geistige Eigenthum" (Urheberrecht) sehr treffend mit den Nachdrucksprivilegien zu Ungunsten der letzteren vergleicht. — Obiges Erkenntniss des Ob.-Trib. bezieht sich übrigens nicht auf die Worte des Gesetzes v. 11. Juni 1837 Eing.: „Eigenthum an den Werken der Wissenschaft und Kunst"; denn das Erkenntniss datirt schon von 1835. Vergl. Kaiser a. a. O. S. 67, N. 1, und doch bezieht Kaiser selbst unrichtigerweise es auf jenes Gesetz a. a. O. S. 33. — Dagegen stützt sich offenbar das zitirte Erkenntniss auf die Theorie des Eigenthums im A. L.-R. § 1. 2. I. 8. und § 3.

deutschen Autoren und diejenigen ausserdeutschen, deren Staaten mit Preussen betreffende Staatsverträge schlossen.[25]) Doch lassen § 26. 27 die Ausübung des Urheberrechtes abhängen vom Eigenthum des Originals, von der vor Verkauf der ersten Copie zu machenden Anzeige der beabsichtigten ausschliesslichen Vervielfältigung an die Regierung und von der Schutzfrist. § 28: Der Urheber und seine Erben verlieren ihr Recht gänzlich, falls sie sich des Eigenthums am Kunstwerke vor dessen begonnener Vervielfältigung ohne ausdrückliche Verabredung begeben. Das Urheberrecht können aber (auf 10 Jahre) Urheber und Erben sich vorbehalten, oder an die Erwerber des Originals übertragen, falls bei der Veräusserung dies in glaubhafter Form verabredet und dem Curatorium der Künste angezeigt wird. Das Gesetz v. 16. Jan. 1846 verlängert die Schutzfrist. Der § 29 des Gesetzes v. 11. Juni 1837 setzt für rechtmässige Nachbildungen von anderen Kunstverfahren, als das des Originales, die besondere Schutzfrist: so lange die Platten, Formen, Modelle ihrer Herstellung nutzbar sind.[26]) Gemäss dem eben genannten Gesetze v. 16. Januar 1846 kommt diese nur zur Anwendung, wenn die Platten u. s. w. einmal länger, als die allgemein gewährte Schutzfrist der Lebenszeit und 30 Jahre halten sollten.[27]) Dem preussischen Gesetze v.

I. 15, wonach sein Gegenstand ist: „Alles, was einen ausschliesslichen Nutzen gewähren kann", also nicht blos körperliche Sachen, wie das Römische Recht will, sondern auch Rechte, z. B. hier das Vervielfältigungsrecht, der eigentliche Kern des Urheberrechtes. — S. auch Heydemann und Dambach Die preuss. Nachdrucksgesetzgebung S. XIII ff., wo indess der „praktische" Inhalt des alten „geistigen Eigenthums" irrthümlich in dem Vervielfältigungsrecht, nicht in dem „geistigen Inhalt der Schrift resp. des Kunstwerks" gesehen zu sein scheint.

[25]) Erkenntniss des Ober-Trib. v. 4. Juni 1856. S. aber N. 22 über den Bundesbeschl. v. 9. Novbr. 1837.

[26]) Vergl. Erk. des Ob.-Trib. v. 13. Mai 1857, bei Kaiser a. a. O. S. 60 nr. 2. Wächter Verlagsrecht. S. 480.

[27]) S. Erk. des Ob.-Trib. v. 20. Mai 1859. Goltdammer Archiv

11. Juni 1837 folgt für Sachsen-Weimar-Eisenach das Gesetz v. 11. Januar 1839.

Für Sachsen enthalten die Gesetze vom 17. Mai und 10. August 1831 die obigen gewöhnlichen Sätze vom Urheberrechte, zugleich unter Rücksicht auf Privilegien. Nach inzwischen erfolgter Publikation des obigen Bundesbeschlusses vom 9. November 1837 trat an die Stelle jener das Gesetz vom 22. Februar 1844, welches gleichfalls die erwähnten Normen vom Urheberrechte enthält, übrigens dafür die nicht unbedenklich ausdrücklich beigefügte, bei andern Gesetzen stillschweigend, doch eingeschränkt, vorausgesetzte Bedingung hinzufügt, dass die zu vervielfältigenden Werke der Kunst „zum Gelderwerbe benutzt werden können und hierzu, wie aus der gewöhnlichen Anwendung oder den besonderen Umständen erkennbar sein muss, wirklich bestimmt sind.“ (§ 1.) Sonstige Bedingungen für Ausübung des Urheberrechtes sind die Schutzfrist, der Verlagsschein der Verwaltungsbehörde, doch ohne Ausschluss anderen Beweises. § 3. 14 und Verordnung vom 22. Februar 1844, Nr. III.

Ebenso der Gesetzentwurf der Berliner Commission der deutschen Kunstgenossenschaft von 1864, der zugleich die Eintragung in eine Rolle der Regierung zur Erleichterung des Beweises des Urheberrechtes ohne Ausschluss des Gegenbeweises freistellt. (§ 1. 5.) Dagegen fordert er unbedingt eine „ausdrückliche“ Uebertragung des Urheberrechts, welches er von dem Eigenthume am Originale löst. § 2. (Die Münchener Commission derselben Kunstgenossenschaft dagegen stellt sich in ihrem vor mehreren Jahren gefassten Beschlusse § 1. 2 auf die Stufe des artistischen

---

VII. 530. Kaiser Ergänzungsheft, S. 50. Goltdammer, strafb. Nachbildung etc. S. 29, will nur die verlängerte, aber feste Frist des Ges. v. 1846 gelten lassen, diejenige des § 29 des alten Gesetzes nur, falls die Platten etc. vor Ablauf letzterer Frist endigen.

„Eigenthums“ an dem „Gedanken eines Kunstwerks, vereint mit der Art seiner Ausführung;“ es sei „an kein körperliches Object gebunden“). Ausserdeutsche Urheber schützt er, wie § 38 des preussischen Gesetzes vom 11. Juni 1837 (s. S. 29) nur auf Grund von Staatsverträgen. § 10.

Der Bundesgesetzentwurf von 1864 ebenso, wie das ihm fast wörtlich folgende neue Bayrische Gesetz vom 28. Juni 1865 § 1, 26, 50, geht wie eine Reihe älterer Gesetze, in nicht zu billigender Weise vom Nachdrucksverbote, statt vom Urheberrechte aus § 1, 26, 49[28]). Mit dem Eigenthume des Originals erwirbt man nicht das Vervielfältigungsrecht; nur bei Portraits erwirbt es der Besteller. Doch hat der Erwerber des Originals nicht die Pflicht, es zur Vervielfältigung dem Urheber zu überlassen. Besondere Uebereinkunft bleibt stets vorbehalten. § 35. Zur Erleichterung des Beweises führt § 51 die nicht obligatorische Eintragsrolle ein. Ueber sie füllt §§ 51—59 des bayrischen Gesetzes die Lücke des Bundes-Gesetzentwurfes aus, mehrfach abweichend von letzterem und ihn verbessernd, z. B. im Eingange des § 52, gegenüber § 51 des Entwurfes, hinsichts der einzutragenden Werke, und enthält § 50 die neuen und trefflichen Bestimmungen, wonach bei dem durch Druck vervielfältigten Werke bis zum Gegenbeweise als Urheber gilt, der in der 1. Ausgabe als solcher genannt ist, ebenso derjenige als Verleger

---

[28]) Dies übersieht Schenk, Rechtsschutz der Photographie, in der Zeitschr. f. d. österr. Notariat 1864, Nr. 6. 9 (Kaiser, Ergänzungsheft S. 44), welcher lobt, dass der Entwurf den starren Eigenthumsbegriff fallen lässt gegen das Urheberrecht, Autorrecht, das durch den gesetzlichen Schutz seiner Erzeugnisse gegen unbefugte Nachbildung dem Urheber die Frucht seiner Arbeit sichert. — In dieser Beziehung unterscheidet sich der Entwurf gar nicht von den neueren deutschen Nachdrucksgesetzen, die mit dem Eigenthum an Kunstwerken gar nicht das obige „starre, geistige, artistische Eigenthum“, sondern ebenfalls das Urheberrecht meinen, wie ihre Folgerungen aus dem blos ungeeigneten Ausdruck „Eigenthum“ zeigen. Vergl. S. 25 und Nr. 24.

bei ano- und pseudonymen Werken, bei dem das Werk zuerst erschien. Statt dessen verbessert § 51 alin. 2 des zitirten bayrischen Gesetzes: Ist das Werk anonym oder pseudonym erschienen, so ist berechtigt zur Ausübung des Urheberrechtes der auf dem Werke genannte Herausgeber, in seiner Ermangelung der Verleger, in dessen der Drucker, ohne weiteren Nachweis. § 11—20, 26, 55. Schutzfristen; Privilegien werden, doch nur beschränkt, anerkannt, so fern sie vor Beginn der Geltung dieses Gesetzes in den einzelnen Bundesstaaten in Kraft traten.

---

§ 3. Erörterung dieser Bestimmungen für die Werke der bildenden Künste und für die Photographieen.

Formalitäten. Uebertragung des Urheberrechts. Verlagsrechtsgeschäfte. Rechtsfolgen der Veräusserung des Kunstwerks, der Bestellung desselben allgemein, speciell der Portraitbilder.

Aus diesen Bestimmungen der deutschen Nachdrucksgesetze ergiebt sich, dass die schon am Anfange des vorigen § aufgestellte Anwendung der in der Rechtswissenschaft bekannten Hauptgründe des Urheberrechtes und seines Schutzes auf photographische Schöpfungen hier lediglich ihre Wiederholung findet. Dies bleibt, wie schon gezeigt, unberührt von den verschiedenartigen Vorschriften über Schutzfrist, dann über Pflichtexemplar, Anzeige, Eintragung bei der Behörde, welche letztere fast ebenso viele überflüssige und zum Theil nachtheilige Beschränkungen des Kunsthandels, als Bestimmungen enthalten, die dem Wesen des Kunstwerks, des Urheberrechtes und seinem Schutze fremd sind[29]). Näher soll auf diese vorwiegend äusserlichen und jederzeit leicht für

---

[29]) S Kühns, Rechtsschutz S. 20—29, Gesetzentwurf S. 30—32.

sich umzuformenden Sätze hier nicht eingegangen werden. Die Photographen würden sich ihnen ebenso, wie die bisherigen Künstler, fügen, die photographischen Schöpfungen ertragen sie natürlich ebenso gut oder so schlecht, als die sonstigen Werke in den Zweigen der Malerei und Skulptur[30]). Erfüllen sie heute aber, vor gesetzlicher Beschützung ihrer Photographieen, die gesetzlichen Formalitäten, um etwa auf diesem Umwege die photographischen Schöpfungen den bisher geschützten gleich stellen zu lassen, so erreichen sie doch damit trotz der Annahme ihrer Anzeigen, Eintragungen etc. seitens der Behörden nur die Anerkennung ihres Strebens nach gesetzlichem Schutze, nicht aber die Anerkennung der eintragenden Behörde über ihre Schutzberechtigung, noch weniger die Schutzberechtigung selbst vor Sachverständigen-Vereinen und Gerichten[31]). Eine Umgestaltung der deutschen Nachdrucksgesetze würde hier wesentlich zu reformiren haben, um die Kunstwerke den heute schon hierin unbeschränkten litterarischen Erzeugnissen gleich zu stellen. Völlig unhaltbar besonders ist die Stufe des preussischen Gesetzes vom 11. Juni 1837 § 27, wonach die Eintragung, welche günstigsten Falles — bei ihrer oben berührten amtlichen Prüfungslosigkeit — eine einfache praesumtio

30) Dies erklären ausdrücklich die Petitionen des Photographen-Vereins zu Wien 1863 an das österreich. Justizministerium und dessen zu Berlin 1865 an das preuss. Kultusministerium. (Börsenblatt v. 1863, Nr. 73. — Berliner photograph. Journal 1865 S. 158—160).

31) Vergl. d. Erklärung des preuss. artist. Sachverst.-Vereins v. 13. April 1852 bei Kaiser, Gesetzgebung S. 56 Nr 3, S. 57 Nr. 4 (ausdrücklich für Photographieen). Verfügung des Kultus-Minist. in Preussen v. 9. Novbr. 1863: Der Eintragung von Photographieen steht Nichts entgegen.. Ob aber diese Eintragung zur Erlangung des Rechtsschutzes für Kunstwerke aus § 21—29 des preuss. Ges v. 11. Juni 1837 dienenkann, hierüber kann nur im Falle eines Rechtsstreites vom Richter entschieden werden. Daher wird Eintragungs-Meldung und Pflichtexemplar den Interessenten überlassen, sie sollen letzteres Exemplar jederzeit mit dem Eintragungs-Vermerk versehen zurück erhalten. — S. bei Kaiser, Ergänzungsheft S. 50.

juris für das Urheberrecht begründen kann und mit dem Wesen des Urheberrechtes nachweisbar gar nicht, nur mit seiner Ausübung zusammenhängt, doch im Falle ihrer Unterlassung den völligen Verlust des Urheberrechtes selbst zur Folge haben soll. Demgemäss stellt, während der Entwurf des Börsenvereins deutscher Buchhändler von 1857 § 47 die Eintragung noch als nothwendige Bedingung für die Ertheilung des Rechtsschutzes ansieht, der österreichische Entwurf § 47, al. 2 die Eintragung in das Belieben der Urheber, ebenso § 5 des Entwurfes der deutschen Kunstgenossenschaft, und im wesentlichen ebenfalls § 51 des Bundesentwurfes von 1864, §§ 51—59 des bayrischen Gesetzes vom 28. Juni 1865, s. oben S. 30—32.

Hinsichts der Uebertragung des Urheberrechtes zeigen die obigen gesetzlichen Vorschriften es als vererblich und veräusserlich. Veräussert wird es von dem Urheber durch ausdrücklichen Vertrag, und zwar theilweise oder ganz.

Theilweise; wenn er z. B. bestimmte Arten von Nachbildungen, Vervielfältigungen seines Kunstwerks, oder bestimmte Exemplare innerhalb dieser Arten zu fertigen, Andere berechtigt, sich selbst aber die Ausübung seines Urheberrechts — natürlich abgesehen von dem eben abgezweigten Rechte – für seine Person oder Dritte vorbehält. Siehe hierüber, besonders über die darinliegende wirkliche Theilübertragung des Urheberrechtes § 6.

Ganz; indem er das Recht zur Vervielfältigung, Verbreitung seines Kunstwerkes an einen Andern überträgt, dieser sich zur Vervielfältigung, Verbreitung verpflichtet. [Gleichviel, ob das Werk bereits vollendet oder erst auf Veranlassung des Vertrages herzustellen ist, gleichviel, ob und nach welchem Berechnungsmodus, welcher Zeit der Urheber dafür Honorar erhält[32]), ob und wie

[32]) Das Urheberrecht bleibt natürlich trotzdem immer ein „Vermögensobjekt“ des Urhebers oder seiner Rechtsnachfolger. — Der Verleger trägt

viel Ertrag der Erwerber aus der Vervielfältigung des Vorbildes und der Verbreitung der Vervielfältigungs-Exemplare zieht, die nicht stets sein Eigenthum sein müssen.[33])] Dieses ist der Verlagsvertrag. Er enthält stets die Uebertragung des ganzen Urheberrechtes am Verlagsobjekte auf den Verleger, natürlich kann aber letzteres Objekt das Originalkunstwerk oder nur eine bestimmte Nachbildung desselben resp. die Vervielfältigung von jenem oder dieser sein. Ersterenfalls schliesst der Verleger jede fremde Nachbildung des Originales aus; letzterenfalls schliesst er nur jedes fremde

---

oft als Gegenleistung nur die Gefahr, die Kosten der Vervielfältigung oder nur der Verbreitung zu verlieren; der Urheber fordert und erhält vielleicht nur die Veröffentlichung, Verbreitung seines Werkes.

33) Die Verlagsgeschäfte sind Handelsgeschäfte (S. Seite 3. 7.), doch nur auf Seiten des Verlegers; es müsste denn auch der Autor sie gewerbsmässig betreiben oder an sich ein Kaufmann sein und sie im Betriebe seines sonst auf andere Geschäfte gerichteten Handelsgewerbes schliessen. Allg. D. Handels-Ges.-B. A. 272. al. 1. 5.6. — Einige wollen den eigenartigen und lediglich auf obiges Grundelement (S. 34) beschränkten Verlagsvertrag um jener Nebenumstände willen, welche zum Theil selbständige Rechtsgeschäfte bilden, mit Kauf oder Miethe oder Pacht oder Sozietät oder Mandat oder einem aus ihnen gemischten Rechtsgeschäfte vergleichen, z. B. Koch Kommentar z. Allg. preuss. L.-R. 4. Aufl. I. S. 981. Reyscher Würtemb. Priv.-R. 2. Aufl. 1846—48. § 451. Auch § 996 ff. I. 11 u. § 1294 II. 20 Allg. pr. L.-R. Dazu Erk. d. preuss. Ob.-Trib. v. 1. Juni 1859 bei Kaiser Ergänzungsheft S. 6. — Vergl. O. Wächter Verlagsrecht § 21 ff. v. Gerber Deutsch. Priv.-R. 8. Aufl. S. 518—20, bes. No. 1. Goldschmidt Handbuch des Handelsrechts I. 1. 1864. S. 479. 480. Leider spezialisirt das Allg. Deutsche Handelsgesetzb. A. 272. Z. 5. die einzelnen ausser dem Verlagsvertrage zu den „Verlagsgeschäften" gehörigen Handelsgeschäfte nicht, während sie doch zum Theil in ihrer Rechtsnatur zweifelhaft und in der Natur ihres Gegenstandes, wie in ihren Usancen so eigenthümlich sind, dass sie den gelehrten Richtern in ihrer Unterordnung unter die gewöhnlichen und die wenigen gesetzlichen oder in der Gerichtspraxis bekannten Kategorieen derartiger Rechtsgeschäfte Mühe und Unsicherheit bereiten. S. Heydemann Ueber den Mangel an Congruenz zwischen der landrechtlichen Lehre vom Verlagsvertrage und der neueren Gesetzgebung gegen den Nachdruck. (Deutsche Gerichtszeitung 1862. No. 11.)

Nachbilden derjenigen Abbildung aus, deren Urheberrecht er erwarb, dagegen ist er gegen sonstige Nachbildungen des Originales vorzugehen nicht berechtigt. Dies tritt z. B. bei dem Verlage eines Stiches von einem nicht mehr oder von Anfang an nicht geschützten (s. § 6), also gemeinfreien Originale ein. Daher ist dieser Fall gerade eine Bestätigung, nicht eine Widerlegung[34]) des Satzes, dass der Verlagsvertrag stets das ausschliessliche Vervielfältigungsrecht, d. h. also das ganze Urheberrecht seines Verlagsobjektes auf den Verleger überträgt. Der Verleger steht hier ganz, wie sein Rechtsautor, der Urheber des Kunstwerks. (s. § 6.) Der Verlag an einer Nachbildung aber gleicht etwa demjenigen an einer Umarbeitung eines Theiles des ganzen anderswo verlegten litterarischen Werkes. Jene Uebertragung des ganzen Urheberrechtes im Verlagsvertrage kann, wie gewöhnlich, alle nothwendig werdenden Auflagen umfassen, und der Verlagsvertrag ist dahin bei fehlender Beschränkung im Zweifel auszulegen (§ 1013. I. 11 Allg. preuss. L.-R.); sie schliesst dagegen nicht eine Beschränkung auf eine bestimmte Zahl von Auflagen je von bestimmter[35]) oder unbestimmter[36]) Exemplarzahl aus. Ist dort die im Vertrage bestimmte, hier die vom Verleger nach Gutdünken[37]) hergestellte Zahl von ausschliesslichen Vervielfältigungen der einen oder mehreren vertragsmässigen Auflagen verbreitet, so steht es dem Urheber

[34]) Als solche führt Kühn's Gesetzgebung S. 39 ihn auf; er verwechselt das Gemeingut mit dessen Nachbildung als Verlagsobjekt. S. auch gegen ihn S. 38. 39.

[35]) Sie können in verschiedener Zeit, nicht gerade auf einmal, wenn nichts Spezielles vereinbart ist, gedruckt werden, ohne doch den Begriff der Auflage danach zu ändern.

[36]) Die hier vom Verleger auf einmal, in dem einen, ersten Drucke hergestellten Exemplare gelten dann für eine Auflage.

[37]) Einige Gesetze begrenzen in diesem Falle ein für alle mal die Zahl der Exemplare, z. B. auf 1000 als die gewöhnliche Höhe einer Auflage, § 4 al. 3 des sächsischen Ges. v. 22. Februar 1844.

frei, das Urheberrecht an einer weiteren Auflage seines Kunstwerkes demselben oder einem anderen Verleger auf Grund eines neuen Verlagsvertrages zu übertragen.[38]) Diese allgemeinen Grundsätze finden auf das etwa vom Gesetze anerkannte Urheberrecht auf Photographieen ebenso Anwendung, wie auf dasjenige an sonstigen Kunstwerken.

Eine weitere Bestätigung der Ausschliesslichkeit in obigem Vertragsobjekte zeigt sich darin, dass der Autor selbst einen Nachdruck gegen seinen Verleger begeht, wenn er eine Nachbildung des betreffenden Kunstwerks überhaupt oder in dem durch den Verlagsvertrag dem Verleger gesicherten speziellen Nachbildungsgebiete fertigt.[39]) In diesem Falle liegen sämmtliche Momente des Nachdrucks vor, nämlich eine ohne Einwilligung des zur Ausübung des Urheberrechtes Berechtigten (des Urhebers oder seines Rechtsnachfolgers) unternommene und deshalb rechtswidrige Nachbildung; die Frage, wer diese Nachbildung unternimmt, ändert an ihrer rechtlichen Natur Nichts.[40]) Dem gemäss umfasst bei den deutschen Nachdrucksgesetzen schon der allgemeine Ausdruck: „Wer eine etc. rechtswidrige Nachbildung fertigt", den Autor, wie jeden Andern. Einige Gesetze aber bezeichnen ausdrücklich diesen Fall als Nachdruck, so die Verordnung für Sachsen Coburg-Gotha v. 18. September 1828 § 2: „. . . Es wird daher

---

38) Ueber das zweifelhafte, vielfach zu modifizirende Recht des Verlegers, das ihm übertragene Urheberrecht ohne Zustimmung des Urhebers weiter zu übertragen, s. Bluntschli Deutsch. Priv.-R. 3. Aufl. 1864. S. 478. Koch Kommentar z. Allg. L.-R. 4. Aufl. I. S. 981 u. besonders v. Gerber in v. Gerber's und Ihering's Jahrbüchern III. S. 392 ff.

39) Erk. d. preuss. Ob.-Trib. v. 26. September 1851. — Heydemann-Dambach preuss. Nachdrucksges. n. Gutachten des litter. Sachverst.-Ver. S 37 ff. — Wächter Verlagsrecht. S. 280 604.

40) Mit Unrecht legt das Börsenblatt v. 1863 No. 18 hierauf ein Gewicht, dass der Verleger in diesem Falle nicht „Verfasser" sei, daher nur wegen Verletzung des Verlagsvertrags im Civilprozesse gegen den Autor vorgehen könne. b. Kaiser. Erg. S. 16.

jeder Inhaber des Verlagsrechtes gegen Eingriffe in dasselbe geschützt, und kann nicht nur ein Dritter, welcher die Rechte des Verfassers und Verlegers verletzt, sondern auch der Verleger gegen den Verfasser[41]) und dieser gegen jenen des Nachdrucks schuldig befunden werden." Ferner § 2 des Bundesgesetzentwurfs v. 1864: „Dem Verbote des § 1 unterliegt auch der Abdruck von Werken, welchen der Urheber mit Verletzung des von ihm bereits einem Andern eingeräumten, oder der Verleger mit Ueberschreitung des ihm zugestandenen Rechts zur mechanischen Vervielfältigung veranstaltet." Nur die Verordnung für Sachsen-Meiningen v. 7. Mai 1829 Art. 6 rubrizirt letztere zwei Fälle nicht unter Nachdruck; allein ihre Wortfassung bezeichnet diese Vorschrift als ausdrücklich gesetzliche Ausnahme von der ohne solche Gesetzesvorschrift auch hierfür Platz greifenden allgemeinen Regel. Denn sie sagt, hier seien der Verleger, bez. der Autor nicht als Nachdrucker anzusehen, sondern einander nur zu vertragsmässiger Schadloshaltung verpflichtet." Dagegen der neue Verleger, welcher wissentlich bestehenden klaren Verlagsrechten zuwider handelt, „ist Nachdrucker."

Aus den einzelnen rechtlichen Faktoren, welche den Verlagsvertrag bilden, können sich noch, wie mir scheint, folgende vier Hauptklassen von Rechtsgeschäften gestalten, welche alle zu dem Verlagsgeschäft und mit ihm, wesentlich auf Seite des Erwerbers, zu den subjektiven oder relativen Grundhandelsgeschäften gehören, dagegen alle vom Verlagsvertrage zu scheiden sind: 1) Veräusserung des Urheberrechts ohne die entsprechende Verpflichtung des Erwerbers zur Vervielfältigung und Verbreitung; 2) Veräusserung des Vervielfäl-

---

[41]) So bei Ueberschreiten der gesetzlich oder vertragsmässig bestimmten Zahl der Auflagen oder Auflage-Exemplare, z. B bayrisches Ges. v. 15. April 1840. A. 1. al. 4 u. a.

tigungs- und Verbreitungsrechts gegen die entsprechende Verpflichtung des Erwerbers; 3) Veräusserung des Vervielfältigungs- und Verbreitungsrechts ohne die entsprechende Verpflichtung; 4) Uebernahme der Veräusserungs- und Verbreitungspflicht (oder nur der letzteren) auf Rechnung und Gefahr des Urhebers oder seines Rechtsnachfolgers; (Commissionsdebit); ad 2—4 also ohne Veräusserung des Urheberrechts, welches der Urheber oder sein Rechtsnachfolger behält resp. gesondert veräussert; aber ad 2—3 unter Abzweigung eines Theils vom Urheberrechte (s. S. 34.). — Mit allen diesen Klassen ad 1 - 4 kann die Veräusserung eines gegen Nachdruck geschützten und von seinem Urheberrechte noch nicht getrennten Kunstwerks verbunden werden; zwei deutsche Nachdrucksgesetze, das Braunschweigische und Oesterreichische, lassen das erste der obigen Rechtsgeschäfte schon mit der vorbehaltlosen Veräusserung eines solchen Kunstwerks an sich vorhanden sein (s. S. 40 ff.); ein deutsches Nachdrucksgesetz, das preussische, schliesst bei letzterer vorbehaltlosen Veräusserung die Möglichkeit der obigen Rechtsgeschäfte ad 1—3 aus, denn es lässt in diesem Falle das Urheberrecht untergehen, macht also das Kunstwerk schutzlos, gemeinfrei. Mit den Klassen ad 2 - 4 kann die Veräusserung eines geschützten und zwar vom Urheberrecht schon getrennten, aber mit einem Theil des Vervielfältigungsrechtes, z. B. dem einer Marmorbildsäule nur in Bronze, noch vereinigten Kunstwerks verbunden werden, natürlich beschränkt sich dann der Gegenstand der Rechtsgeschäfte ad 2—4 auf die Grenzen des vorbehaltenen Vervielfältigungsrechtes. — Die Veräusserung eines geschützten, aber von seinem Urheberrechte schon völlig (ohne jede theilweise Abzweigung) getrennten Kunstwerks kann mit keiner der obigen Klassen sich verbinden. — Endlich die Veräusserung eines nicht mehr oder von Anfang an nicht geschützten (s. § 6) Kunstwerks kann sich nur mit der 4. der obigen Klassen vereinigen, und zwar nur mit deren „Verpflichtung" als solcher, abgesehen von dem Urheberrechte; denn ein Urheberrecht besteht für einen Einzelnen nicht an ihm, seine Nachbildung ist Allen erlaubt.[42])

Die obigen Nachdrucksgesetze kennen ausser der ausdrücklichen Uebertragung des Urheberrechtes noch eine stillschweigende (ohne Verpflichtung des Erwerbers zur Vervielfältigung), welche sie in der Uebertragung des Eigenthums an dem körperlichen Kunstwerke finden. Mit diesem Eigenthume verbinden sie das Urheberrecht hauptsächlich in doppelter Weise. Veräussert der Urheber (oder sein Rechtsnachfolger) das Eigenthum ohne Vorbehalt des Urheberrechtes für sich, seine Erben u. s. w., a) so geht es entweder auf den Erwerber des Kunstwerks über und erlischt für dessen Veräusserer (z. B. in Braunschweig, Oesterreich ob. S. 26. 28.), b) oder es erlischt völlig, falls der Urheber es nicht an den Erwerber des Kunstwerks ausdrücklich überträgt (z. B. in Preussen ob. S. 29.). Besonders enge ist die Verbindung zwischen Eigenthum und Urheberrecht bei Oesterreich und Braunschweig gedacht, weil hier das Urheberrecht von selbst dem Eigenthume folgt, das Gesetz legt die Eigenthumsübertragung dahin aus, als übertrage man damit zugleich stillschweigend sein Urheberrecht. Im preussischen Gesetze vom 11. Juni 1837 lautete der Vorentwurf des § 28 ebenfalls dahin, und hier lehren die Motive des Vorentwurfs ausdrücklich, wie man überzeugt war, dass „nach den bisher angenommenen und

---

42) Im letzten Punkte setzt Goldschmidt, Handbuch des Handelsrechts I. 1. S. 479, welcher einige der obigen Unterscheidungen kurz erwähnt, unrichtig den Fall, der Veräusserer einer antiken Statue veräussere ihr Vervielfältigungsrecht gegen die entsprechende Verpflichtung des Erwerbers. Nur diese Verpflichtung (also einen Theil der Klasse 4) kann der Veräusserer sich ausbedingen, nicht das Nachbildungsrecht übertragen, welches er als sein specielles gar nicht, der Erwerber aber ebenso wie jeder Andere bereits besitzt.

auch von der Akademie der Künste beanspruchten Grundsätzen nur der Besitz des Kunstwerks über das Verlagsrecht entscheide, sofern nicht ein Vorbehalt bei der Veräusserung gemacht werde. Es streite die Vermuthung dafür, dass der Erwerber auch das Verlagsrecht habe erwerben wollen.“ So ging der Entwurf vom Staatsministerium an den Staatsrath und erhielt hier die heutige Aenderung, ohne dass die Motive, welche sich wesentlich mit der Dauer der Schutzfrist beschäftigen, darüber Etwas enthalten[43]). Nach der heutigen Fassung betrifft der § 28, gegenüber dem österreichischen und braunschweigischen Gesetze, mehr den Zusammenhang des Urhebers selbst mit dem Eigenthume seines körperlichen Werkes, dort den Zusammenhang des Urheberrechtes mit dem Eigenthume. Demgemäss geht in Preussen das Urheberrecht ganz unter, nicht blos für den Urheber und seine Erben, sobald der Zusammenhang zwischen Urheber und Eigenthum des Werkes sich löst, und so geschieht hier auch die Uebertragung des Urheberrechts an Andere nur ausdrücklich, nicht stillschweigend, wie dort, während hier wie dort der Urheber (oder dort auch sein Rechtsnachfolger) das Recht für sich und seine Erben nur durch besonderen Vorbehalt vom Eigenthume trennt.

Allein der Betrieb der Kunst und des Kunsthandels lehrt lange schon, dass das Eigenthum am Kunstwerke nicht so enge mit der Person des Urhebers oder mit dem Urheberrechte verbunden ist. Jene Gesetze selbst anerkennen indirekt vor der hier einschlägigen Bestimmung, dass der Urheber [oder sein Rechtsnachfolger] das Urheberrecht veräussern, das Eigenthum noch behalten und es danach ohne das veräusserte Urheberrecht veräussern, und so endlich das Urheberrecht wieder nach Veräusserung des Eigenthums für sich, den Urheber,

43) S. diese Berathungen bei Goltdammer strafbare Nachbildung von Kunstwerken S. 4. 11.

erwerben kann, ferner, dass der Urheber durch seine blosse Erklärung das Urheberrecht vom Eigenthume selbst dort trennen kann, wo er beide Rechte zusammen besass und das Eigenthum veräusserte. Das blosse Eigenthum ferner an einem Kunstwerke giebt, wie unter andern die sächsischen Gerichte in dem Prozesse Piloty und Löhle contra Payne betonten, noch kein ausschliessliches Vervielfältigungsrecht. Der Erwerber des Eigenthumes sodann will sehr oft lediglich dieses, nicht das Urheberrecht erwerben, der Urheber will das Urheberrecht gar nicht mit dem Eigenthume veräussern, oder es gar nicht nach Veräusserung des Eigenthums aufgeben, zumal er sehr gut ohne letzteres das ausschliessliche Vervielfältigungsrecht des Originals ausüben kann. Der Maler bedarf nur einer Skizze des Originales, der Bildhauer einer „echten Form“ oder des alten Modells, um die Kopie zu fertigen; der Kupferstecher gar behält die Platte, der Photograph die Matrize oder nur eine photographische Kopie. Gegen das Wesen der Kunstwerke und den Willen der Vertragschliessenden also legen die obigen Gesetze die Uebertragung des körperlichen Eigenthums willkürlich aus. Diese Auslegung wird besonders verwerflich, wenn man die Interpretationsregeln des Allgemeinen Deutschen Handelsgesetzbuches[44]) auf das hier vorliegende Rechtsgeschäft anwendet, so weit dieses etwa unter den im A. 271 Nr. 1 des Handelsgesetzbuches behandelten Kauf, oder als Uebertragung des Urheberrechtes ohne entsprechende Verpflichtung des Erwerbers (S. 38 Klasse 1) zu den Verlagsgeschäften des A. 272 Nr. 5 ebendort gehört. Richtig wäre es vielmehr, wenn die Gesetze aussprächen, bei vorbehaltloser Eigenthumsübertragung bleibe das Urheberrecht beim Urheber oder Rechtsnachfolger, die Uebertragung

---

44) A. 278. 279. Protokolle d. Nürnb. Conf. S. 408. 1307. Goldschmidt, Handbuch des Handelsrechts S. 217 ff. 219 Nr. 4.

des Urheberrechtes könne nur ausdrücklich erfolgen[45]). Trennt man aber einmal Eigenthum und Urheberrecht von einander, so folgt jener erste Satz schon aus allgemeinen Rechtsgrundsätzen. Den zweiten Satz von der nothwendig ausdrücklichen Uebertragung des Urheberrechtes neben der Trennung des letzteren vom körperlichen Eigenthume des Kunstwerks sprechen die neuen Entwürfe und Gesetze aus, z. B. § 19 des österreichischen Entwurfes, § 46 des Entwurfes des Börsen-Vereines deutscher Buchhändler vom December 1857, § 2 des Entwurfes der deutschen Kunstgenossenschaft (nur zu ausführlich über selbstverständliche Momente), dann § 35 des Bundesentwurfs von 1864 und des bayrischen Gesetzes vom 28. Juni 1865.

Anders stellt sich das Verhältniss des körperlichen Kunstwerks zu seinem Besteller. Dieser giebt dem Künstler mehr oder weniger ausführlich den Plan des bestellten Werkes, dessen Grundlage und Grenzen, vor Allem ruft er die künstlerische, dem Werke zu Grunde liegende Form-Idee hervor, welche recht eigentlich den Grund zum Schutze des Urheberrechtes bildet (s. §§ 6. 11). Demgemäss liegt hier bei dem Anfertigen und bei dem Empfange des Kunstwerks dem Künstler und Besteller der Wille zu Grunde, nur für den Besteller sei dasselbe geschaffen, und das Gesetz bleibt bei einer dahin gehenden Auslegung dieses Rechtsgeschäfts mit dem Wesen des Kunstwerks, mit dem Rechtsgrunde des Urheber-Schutzes und mit dem Willen der Contrahenten im Einklange. Stellt sich im einzelnen Falle einmal die Sache

---

45) Bluntschli, Deutsch. Priv.-R. 3. Aufl S. 477 ff. — Harum, österreich. Pressgesetzgebung S. 197. — Stubenrauch, österreich. Vierteljahrsschrift 1862 II. 195 ff. — Dumoulin, compte rendu des travaux du congrès artistique d'Anvers 1862 S. 59 ff. 221 ff. 234 ff. — Kühns, Gesetzentwurf S. 40—42 u. dessen Rechtsschutz a. Werken der bild. Künste 1861. S. 38 ff. — Goltdammer, strafb. Nachbild. v. Kunstwerken S. 11. 21.

anders, so regelt sie besondere Uebereinkunft, das Gesetz hat die Aufgabe, der allgemeinen Natur des Rechtsgeschäfts, nicht seiner ausnahmsweisen Gestaltung, in den Grundzügen Ausdruck zu verleihen. Wer dagegen lediglich ganz allgemein ein Gemälde, eine Bildsäule, eine Photographie, etwa nur in bestimmter Grösse, für einen bestimmten Raum erwerben will, steht rechtlich gleich dem obigen Erwerber des Kunstwerks, er wird auch, zumal bei Photographieen, fast stets sich aus dem Atelier, der Gallerie eines oder mehrerer Künstler das geeignete, bereits entworfene oder fertig ausgeführte Werk kaufen, nicht es bestellen. Er erwirbt nur das körperliche Eigenthum, der Besteller aus obigem Grunde auch mit diesem ohne ausdrückliche Uebertragung das Urheberrecht; abgesehen natürlich von besonderer Vereinbarung. Diese Gesichtspunkte wirken indirekt dazu mit, die Bestellung eines Kunstwerks nach einem bestimmten Plane von der Klasse der Verlagsgeschäfte und damit von der der subjectiven oder relativen Grund-Handelsgeschäfte auszuschliessen (A. 272 des Allgemeinen Deutschen Handelsgesetz-Buches), während die blosse Bestellung ohne solchen Plan mit Empfang des also wesentlich selbständig geschaffenen Kunstwerks vom Besteller das Geschäft, wie die oben behandelten, unter jene Klassen setzt[46]). Demgemäss bestimmte der Vorentwurf des preussischen Gesetzes vom 11. Juni 1837 im Staatsministerium (§ 14): „Hat ein Künstler sein Werk im Auftrage angefertigt . . . ., so geht sein ausschliessliches Recht auf Vervielfältigung und Herausgabe . . . . auf den Besteller über, insofern nicht eine entgegenstehende Vereinigung zwischen den Interessenten stattgefunden hat". Warum man diesen Passus des heutigen § 28 in den Entwürfen des Staatsrathes fallen liess, ist aus dessen Motiven nicht ersichtlich; insbesondere schliesst hier der oben be-

46) Wesentlich so rubrizirt sie an sich auch Goldschmidt, Handbuch des Handelsrechts I, 1. S. 480. S. auch Haubold sächs. Privatrecht § 435.

rührte gänzliche Untergang des Urheberrechtes bei vorbehaltloser Veräusserung des Originals die Unterstellung unseres hiesigen Falles darunter aus. Die übrigen deutschen Nachdrucksgesetze schweigen zum grossen Theile hierüber, beim Braunschweiger Gesetze vom 10. Februar 1842, § 10 erwirbt der Besteller Eigenthum nebst Urheberrecht schon nach dem oben erörterten Satze von dem Zusammenhange zwischen diesen zwei Rechten, bei dem österreichischen vom 19. Octbr. 1846, § 1, a. wird noch ausdrücklich der Besteller dem Urheber gleichgestellt, und das Gesetz erklärt ganz in obigem Sinne den ersteren dahin: „welcher die Bearbeitung und Ausführung des Werkes nach einem gegebenen Plane und auf seine Kosten an einen Andern übertragen hat.“ Der wichtige Entwurf des Börsen-Vereins Deutscher Buchhändler vom December 1857 spricht in § 2, a. ebenfalls den obigen Grundsatz aus. O. Wächter verlangt für Photographieen speziell die Bestimmung in den deutschen Nachdrucksgesetzen: „Der Besteller einer Photographie hat das ausschliessliche Recht ihrer Vervielfältigung, wenn nicht eine gegentheilige Vereinbarung vorliegt[47]).“ Er hat hierbei vornehmlich die photographischen Portraitbilder im Auge. Endlich bittet § 3 der Petition des Wiener Photographen-Vereins ausdrücklich um die gesetzliche Vorschrift, dass der Besteller der Photographie nach Fertigung der bestellten positiven Abzüge und Zahlung des vereinbarten oder angemessenen Honorars an den Photographen — Eigenthümer des Bildes werde, falls er sich nicht mündlich oder schriftlich gewissen Beschränkungen unterworfen. Auch solle der Besteller das Recht haben, Schaustellung, Verkauf von Abzügen zu untersagen, ja die Zerstörung der Matrize zu fordern.

---

[47]) S Deutsche Vierteljahrsschrift v. 1863 (das Recht der Briefe und Photographieen) S. 193. 196, s. Verlagsrecht S. 186 ff. auch bei Goltdammer, Archiv XI. S. 384 ff.

Nur einige Abzüge als Probebilder für seine Mustersammlung dürfe der Photograph behalten. —

Bei Portraitdarstellungen finden obige Sätze vom Besteller noch vorzugsweise Anwendung zumal bei photographischen Portraits. Denn hier giebt der Besteller dem Künstler unmittelbaren Anhalt für das Werk durch sein oder das bestellte Antlitz, die freie künstlerische Idee wird hier bei einem Gemälde von nur dritter oder vierter Stufe der Kunstschöpfungen (s. § 11) wesentlich oder ganz gebunden. Hier noch weniger liegt eine Vervielfältigung des Werkes durch einen Andern, so durch den Fertiger, gleichviel ob mit dem, oder ohne den Willen des Bestellers, in der Absicht der Contrahenten. Daher erklärt sich, dass selbst diejenigen, welche das obige allgemeine Recht des Bestellers nicht anerkennen wollen, dasselbe doch in Beschränkung auf Portraits oft billigen. So geschah es in der Sektion des Künstlerkongresses zu Antwerpen, doch mit einseitiger Begründung und unrichtiger Systematisirung[48]), und insbesondere schreibt den Satz in dieser Beschränkung durch Portraits vor § 35 alin. 1 des Bundesentwurfes von 1864 und des bayrischen Gesetzes vom 28. Juni 1865, als Ausnahme von der Trennung zwischen Urheberrecht und Eigenthum am Kunstwerke. Dieser Schritt der neuen Gesetze ist anerkennenswerth, leidet aber an der erwähnten folgewidrigen Einschränkung. Der richtige Standpunkt für Gesetze ist der obige im Entwurf des Börsen-Vereins und in dem Satze von Wächter, daher gar nicht zu billigen, dass der Entwurf der deutschen Kunstgenossenschaft von 1864 in § 2 das ganze erörterte Recht des Bestellers ausschliesst[49]).

---

48) Dumoulin compte rendu etc. S. 224. — S. Kühns Gesetzentwurf S. 45.

49) Kühns Gesetzentwurf S. 43—46 will im Interesse der Künstler das ganze obige Recht des Bestellers verwerfen. Seine Gründe sind in Obigem besprochen.

III.

Welche Werke der bildenden Künste werden in den deutschen Nachdrucksgesetzen geschützt?

---

§ 4. Die gesetzlichen Bestimmungen und diejenigen der Entwürfe.

Mit sehr umfassenden Namen bezeichnen die deutschen Nachdrucksgesetze die nicht zu den litterarischen Erzeugnissen gehörenden Werke ihres Schutzes. In meiner Denkschrift[50]) sind, gemäss deren Zwecke, über den hier erörterten Punkt die Gesetze sämmtlicher deutscher Staaten, theilweise mit Berücksichtigung der Gesetze, Erlasse, Privilegien der früheren Jahrhunderte vorgeführt. Hier genügt es, die hauptsächlichen derselben zu berühren; vornehmlich können diejenigen übergangen werden, welche — wie meist in früherer Zeit — nur von dem Nachdrucke der litterarischen Erzeugnisse handeln, ferner diejenigen, welche sich ausschliesslich oder vorwiegend auf die Bundesgesetzgebung und deren Publikation in den deutschen Einzelländern stützen und beschränken. Wenn auch ohne diese Publikation die Bundes-Beschlüsse gültig und rechtmässig sind, so hängt von ihr doch die Anwendbarkeit derselben für die Beamten und Angehörigen des einzelnen Staates ab.[51])

---

50) Vergl. meine Denkschrift S. 24—30. — Volkmann. Werke der Kunst etc. § 4 5.

51) Zachariae Deutches Staats- u. Bundesrecht II. § 262. 263.

Die Bundesbeschlüsse v. 9. Novbr. 1837 u. 19. Juni 1845 nennen sie: artistische Erzeugnisse, Werke der Kunst.

In Anhalt-Cöthen erwähnt die sonst nur von litter. Werken redende Vero. v. 23. December 1828 a. 1 Kupferstiche und Steindrücke. Die 2 obigen B.-Beschlüsse gelten seit dem 9. April 1838 und 16. September 1845.

In Baden handelt die Vero. v. 8. Septbr. 1806 nur von Schriftwerken; ebenso das Land-R., geltend seit 1. Januar 1810, II. 2. cp. 6 § 577 d. a—d. h. Die Verordn. v. 17. Septbr 1847: Erzeugnisse der Kunst § 1. Werke der Kunst § 2.

In Bayern das Strafgesetz v. 1813, I. 3 § 397: Werke der Kunst; Ges. v. 15. April 1840 a. 1. 5 ff. Erzeugnisse, Werke der Kunst. Das neue Gesetz v. 28. Juni 1865 § 26 ff. giebt im Wesentlichen eine wörtliche Wiederholung des unten berührten Bundesgesetz-Entwurfes v. 1864 § 26 ff., auf den wir hier verweisen. Doch führen wir auch hier selbständig an, dass § 26 zwar die Photographie unter den mechanischen Vervielfältigungen nennt, § 28 aber die für unsern Zweck so wichtige Ansdehnung des gesetzlichen Schutzes gegen Nachdruck auf Originalphotographieen und rechtmässige photographische Nachbildungen vorschreibt, „falls das zu schützende Werk der Photographie als Kunstwerk zu betrachten ist".

In Braunschweig Ges. v. 10. Februar 1842 § 1 ff. Werke der Kunst. § 7. Originalwerke der Kunst (Zeichnungen, Malereien, plastische Werke), rechtmässige Nachbildungen solcher Originalwerke (Kupferstiche, Stahlstiche, Holzschnitte, Steindrücke u. s. w. Abgüsse, Abformungen u. s. w.).

In Hamburg spricht der Rathsschluss v. 3. u. 4. Juni 1828 nur von Schriften, der Rathsschluss v. 16 März 1838 Werke der Kunst, artistische Erzeugnisse, ebenso der Rathsschluss v. 25. November 1847.

In Hessen-Darmstadt spricht das Gesetz v. 11. Mai 1826 und 23. September 1830 nur von Schriftwerken und Stichen wissenschaftlicher Natur (vergl. § 9 dieser Abhandlung); die 2. B.-Beschlüsse s. publiz. a. 9. Decbr. 1837 und 23. Juli 1845.

In Holstein und Lauenburg nennen die Kanzleipatente v. 23. März 1839 u. 20. Novbr. 1845 (z. Publik. der 2 B. Beschlüsse) Kunstwerke.

Ebenso in Lübeck die Verordn. v. 18. Novbr. 1829, dagegen heisst es in der Verordn. v. 31. Juli 1841: Werke der Kunst, Kunsterzeugnisse.

In Luxemburg heisst es im Ges. v. 2. Januar 1817: productions des arts. Das Ges. ist ausgedehnt auf deutsche Kunstwerke durch die Verordn. v. 28. Novbr. 1832 u. 13. Juli 1838. Die 2. B.-Beschlüsse gelten hier seit 11. Mai 1838 u. 6. Septbr. 1845.

In Oesterreich schützen die früheren Gesetze allein Schriftwerke gegen Nachdruck. Nur die Hofdekrete v. 2. Mai 1782 und 15. Februar 1794 dehnen den Schutz auf Kupferstecher aus, da sie den Verfassern von Schriften zu vergleichen seien, und das Hofkanzleidekret v. 28. November 1838 auch auf die selbständigen Werke der plastischen Kunst. Das Gesetz v. 19. Oktober 1846 nennt Werke der Kunst, artistische Werke, und spezialisirt sie im § 9 dahin: „Zeichnungen: Gemälde, Kupfer-, Stahl-, Steinstiche, Holzschnitte und andere Werke der zeichnenden Kunst, dann plastische Kunstwerke.

Das Strafgesetz Oldenburg's v. 1814 nennt in a. 416 Werke der Kunst. Die B.-Beschlüsse s. publiz. am 14./20. December 1837 u. 24. Juli 1845.

In Preussen führt das Gesetz v. 11. Juni 1837, welchem für Sachsen-Weimar-Eisenach das Ges. v. 11. Jan. 1839 folgt, an: Werke der Kunst, bildliche Darstellungen und speziell im § 21 ff. 29 „Zeichnungen, Gemälde, deren Nachbildung durch Kupferstich, Stahlstich, Holzschnitt, Lithographie, Farbendruck, Uebertragung u. s. w., Skulpturen und deren Nachbildung durch Abgüsse, Abformungen u. s. w." Das Publikations-Patent v. 16. Januar 1846 Werke der Kunst, ebenso das Ges. v. 20. Februar 1854, ferner Werke der Malerei, einer der zeichnenden Künste, der plastischen Kunst.

Ebenfalls, wie überhaupt die Nachdrucksgesetze älterer Zeit, handeln nur vom Nachdruck der Schriftwerke in Sachsen die Erlasse v. 1620, 1661, 1686, 1763, 1773, 1781, 1798, 1812, d. Mandat v. 17. Mai 1831 von Stichen wissenschaftl. Natur (vergl. § 9.), dann d Ges. v. 10. Aug. 1831 von Kupferstichen, Lithographieen, u. a. ähnlichen durch den Druck vervielfältigten Werken der bildenden und zeichnenden „Künste". Das Ges. v. 22. Februar 1844 Werke der Kunst, die zum Gelderwerbe benutzt werden können und hierzu, wie aus der gewöhnlichen Anwendung oder den besonderen Umständen erkennbar sein muss, wirklich bestimmt sind. Die sich hieran schliessenden Verordn. v. 4. Juli und 29. Novbr. 1844 behandeln nicht Theile unseres Gegenstandes. Das Ges. und die Verordn. v. 27. Juli 1846 betreffen musikalische und dramatische Kunstwerke. (Volkmann. Werke der Kunst. § 5.)

In Sachsen-Coburg-Gotha betrifft die Verordn. v. 18. Septbr. 1828 nur Schriftwerke, und Stiche wissenschaftlichen Charakters (vergl. § 9 d. Abh.). Die 2. B.-Beschlüsse gelten seit 9. December 1837 u. 14. Juli 1845.

In Sachsen-Meiningen-Hildburghausen handelt die Verordn. v. 7. Mai 1829 von Schriften u. den bez. Stichen. (s. § 9.) Die 2. B.-Beschlüsse gelten v. 2. Januar 1838 und 26. August 1845.

In Würtemberg handeln die Reskripte vom 25. Februar 1815 und 22. Juli 1836 nur von Schriftwerken, das

Gesetz vom 17. September nebst der Verfügung vom 19. September 1838 von künstlerischen Erzeugnissen.

Der auf Grund des von den juristischen Sachverständigen Heydemann, Hinschius, v. Rönne im Juli 1857 gefertigten Entwurfes von Hinschius, Reimer, Veit redigirte Entwurf des Börsen-Vereins deutscher Buchhändler vom December 1857 führt auf Kunstwerke, bildliche Darstellungen, Zeichnungen, Gemälde, Skulpturen aller Art. § 41 ff.

Der nebst dem vorigen Entwurfe dem Bundesgesetzentwurfe zu Grunde gelegte österreichische Entwurf nennt in der Ueberschrift: Werke der bildenden Künste, danach aber Kunstwerk, artistisches Erzeugniss. § 13 ff.

Der Entwurf der deutschen Kunstgenossenschaft von 1864 betont zum Unterschiede von Musik und Poesie mit Recht Werke der bildenden Künste[52]), in § 4 spezialisirt er die zeichnenden Künste so: „Malerei, Zeichnung, Kupferstich, Lithographie, Holzschnitt, Photographie u. s. w.", in § 3 die rechtmässige Nachbildung eines Werkes der bildenden Künste so: „z. B. durch Kupferstich, Holzschnitt Lithographie, Photographie, Abformen oder Abgiessen u. s. w."

Endlich der Bundesgesetzentwurf von 1864 nennt in § 1 ff. 26 ff. Werke der Kunst, der bildenden Kunst, der zeichnenden oder plastischen Kunst. § 26 rechnet im alin. 1 unter die „mechanischen Vervielfältigungen z. B. durch Benutzung der Originalplatten oder Formen, Abguss" ausdrücklich auch diejenige durch Photographie, und stellt ihr gegen-

52) Mit der zu allgemein gefassten Erklärung der Berliner Commission dieser Genossenschaft: „der Ausdruck „bildende Künste" umfasst alle hier in Betracht kommenden Zweige der Kunst und schliesst alle nicht hierher gehörenden aus," bei Kühns, Rechtsschutz S. 35. Die Bezeichnung „Werke der bildenden Künste" empfiehlt schon Harum, Die gegenwärtige österreichische Pressgesetzgebung. 1857, S. 106 ff.

über die Nachbildung, vorausgesetzt, dass im letzten Falle ein Verfahren beobachtet wird, durch welches eine Mehrheit nachgebildeter Exemplare mittelst der nämlichen Vorrichtung hergestellt werden kann, z. B. Kupferstiche nach einem Gemälde oder einem andern Kupferstiche; ferner im alin. 2 die Einzelkopieen (s. unt. § 7 v. d. Nachbild.)[53]). Trotzdem bestimmt der für uns höchst wichtige § 28:

„Die Verbote der §§ 26 und 27 (unbefugte Vervielfältigung von Originalen und von Nachbildungen betr.) finden auch Anwendung, wenn das zu schützende Werk durch Photographie oder andere ähnliche Mittel hergestellt wurde, vorausgesetzt, dass dasselbe als Werk der Kunst zu betrachten ist."

Näher wird unten i. d. §§ 6. 8. 11. 12. 13. 14. hierauf eingegangen.

---

§ 5. Insbesondere die internationalen Rechtsschutzverträge deutscher und ausserdeutscher Staaten.

Wir fügen an diese nothwendige Uebersicht sogleich den Vermerk über die Verträge deutscher Staaten mit ausserdeutschen Reichen betreffs des Nachdrucks. Dieselben einzeln durchzugehen, ist überflüssig. In ihrem fast stereotyp gleichen Wortlaute stützen sie sich lediglich auf die speziellen Nachdrucksvorschriften der contrahirenden Staaten, indem sie denselben fast lediglich äussere Vorschriften hinzufügen, z. B. über Eintragsrollen u. a. Diese berühren das Wesen der Kunstwerke nicht und könnten auf Photo-

---

53) Hiermit reformiren der neue Entwurf und das bayrische Gesetz die alte viel angegriffene Schranke der „mechanischen Vervielfältigung". S. u. a. den Entwurf des Börsenvereins v December 1857 § 40 u. d. Motive seines Commissionsentwurfes v. Juli 1857 S. 120, u. unten § 7 dieser Abh. —

graphieen jederzeit ausgedehnt werden. Anzuführen bleibt aus ihnen Folgendes. Als schutzberechtigte Werke der bildenden Künste nennen sie: „Werke der Zeichnenkunst, Malerei, Bildhauerei, des Kupferstichs, der Lithographie und alle andern ähnlichen Erzeugnisse aus dem Gebiete der Kunst." (z. B. der Vertrag zwischen Hessen-Cassel und Frankreich vom 7. Mai 1853, Hamburgs mit Frankreich vom 2. Mai 1856, Sachsens mit Frankreich vom 9. Mai 1856, Preussens mit Frankreich vom 2. August 1862, und mit Belgien vom 28. März 1863, Frankfurts mit Frankreich vom 18. April 1865, Bayerns mit Frankreich vom 24. März 1865, Würtembergs mit Frankreich vom 23. April 1865, Badens mit Frankreich vom 12. Mai 1865, Sachsens mit Frankreich vom 26. Mai 1865, Nassaus mit Frankreich vom 5. Juli 1865.) Und gerade die neuesten Verträge, so die letztgenannten seit 1862, lassen dann in a. 13 „folgende Gegenstände gegenseitig ohne Ursprungszeugnisse zollfrei während der Dauer der Uebereinkunft zu: Bücher, Kupferstiche, andere Stiche, Holzschnitte, Lithographieen und Photographieen" u. s. w. Diese ausdrückliche Aufführung der Photographie neben den andern Kunstwerken ist bezeichnend und wichtig, besonders im Hinblick auf die eben zitirte umfassende Aufzählung der schutzberechtigten Werke bildender Kunst. Dass hier die Photographie zu den Künsten gerechnet wird, erweist ausdrücklich alin. 2 der sächsischen Verordnung vom 10. Juli 1865 zum neuesten sächsisch-französischen Vertrage vom 26. Mai 1865. Darin wird gerade auf die Verbesserung des eben zitirten a. 13 gewiesen, welcher volle Zollfreiheit u. s. w. gewähre „für Bücher und viele Erzeugnisse der Litteratur und Kunst".[54]) Hierbei muss er-

---

54) Dem gegenüber fehlt in jenen Verträgen art. XV. alin. 1 die Aufführung von Photographieen, und in art. XII. alin. 2. 3 und art. XIII alin. 8 die der negativen Glasbilder (Glasplatten) der Photographen, welche gerade von dem Orte der Aufnahme einer Landschaft u. dergl. an den Wohn-

innert werden, dass in England und Frankreich Photographieen gesetzlich gegen Nachdruck geschützt sind und gemäss diesen Verträgen der gleiche Schutz den deutschen Photographieen daselbst ertheilt wird.

---

§ 6. Erörterung dieser Bestimmungen.

Der Begriff des Kunstwerks und der rechtmässigen Nachbildung im Nachdrucksrechte vorläufig festgestellt. 2 Klassen der letzteren. Die Rechtsnatur des Urheberrechts an der rechtmässigen Nachbildung und sein Rechts-Verhältniss zum Urheberrecht am Vorbilde.

Ehe die weiteren hierher gehörigen Bestimmungen der deutschen Nachdrucksgesetze vorgeführt werden, scheint eine vorläufige Zusammenfassung der bisher dargelegten gesetzlichen Momente in ein übersichtliches Resultat wichtig.

Eine der Hauptschwierigkeiten in der praktischen Anwendung des artistischen Theiles der Nachdrucksgesetze liegt in der zweifelhaften Ausdehnung des Begriffes „Kunstwerk", „artistisches Erzeugniss". Hier schwankt das Urteil mehr, als bei Entscheidung über die objektive Grenze des litterarischen Urheberrechtes[55]). Denn höchst verschiedenartig er-

---

ort des Photographen versendet und hier erst vervielfältigt werdeu. Vergl. Kaiser, Pressgesetzgebung 254—256.

[55]) Heydemann-Dambach, Gutachten des litter. Sachverst.-Vereins S. XVI. XVII. — Goltdammer, Strafbare Nachbildung von Kunstwerken S. 1. 10 u. a. — Vielleicht ist dies der Grund dafür, dass im preussischen Gesetze v. 11. Juni 1837 § 17 der litterar. Sachverst.-Verein nur den etwa vorliegenden Nachdruck und die Entschädigung, in § 31 dagegen der artist. Sachverst.-Verein ausser letzteren Punkten auch zu begutachten hat, ob eine Abbildung unter die wissenschaftlichen Zeichnungen (§ 18) oder unter die künstlerischen (§ 21) gehöre. Auch begrenzt § 33 alin. 2 des österr. Gesetzes v. 19. Oktober 1846 das Gutachten der Sachverständigen-Vereine gar nicht, das preuss. Ges. a. a. O. und das sächs.

weist sich im Gebiete der Kunst einmal das Verhältniss der darzustellenden Form-Idee zu den dargestellten Gegenständen der Sinnenwelt, dann das Verhältniss jener Idee zuden mannigfachen Mitteln der Darstellung. Beides um so schwankender, je unsichrer, wechselnder die Grundlage der ästhetischen Gesetze ist, auf welcher die einzelnen Urteiler stehn. Und nicht um rein ästhetische Entscheidungen handelt es sich hier an erster Stelle, sondern um ein Urteil über den vermögensrechtlichen Werth der dem Kunstwerk innewohnenden künstlerischen Idee im Verkehre, um die Grenze zwischen deren nothwendiger und unbefugter Verbreitung, zwischen dem subjekti ven Rechte des Urhebers gegenüber dem des Publikums und dem der Nachbildner. (s. hierüber alles Nähere im § 11.)

Wächter[56]) definirt „artistisches Erzeugniss" als „eine mit den Mitteln der Kunst dargestellte geistige Hervorbringung, welche in den artistischen Verkehr einzutreten geeignet erscheint". Hinsichts der „geistigen Hervorbringung" zieht er die Grenzen der darin nothwendig enthaltenen individuellen künstlerischen Form-Idee nicht enge, so dass sie auch die solcher Idee oft untheilhaften wissenschaftlichen Zeichnungen (s. § 9) umfassen. Es fehlt daher vornehmlich in obiger sonst trefflichen Definition die feste Grenze des Kunstgebietes, welche zwar in den Worten „mit den Mitteln der Kunst" beobachtet ist, doch von der „geistigen Hervorbringung" überschritten wird. Aber gerade in diesem Inhalte des zu schützenden Werkes, nicht bloss in seiner Ausführung (Darstellung) muss jene Grenze eingehalten werden. Die Schlussworte „welche in den artistischen

Ges. v. 22. Februar 1844 § 18 enthalten ihm die Begutachtung des Objektes des Rechtsschutzes vor. Der Gesetzentwurf der deutschen Kunstgenossenschaft v. 1864 fordert im § 8 Nr. 1 hierüber die Begutachtung von Sachverständigen obligatorisch (s. auch Kühns ebend. S. 34), der Entwurf des deutschen Börsen-Vereins vom December 1857 in § 33 alin. 2 nur auf Antrag einer Partei.

56) Verlagsrecht S. 116.

Verkehr einzutreten geeignet erscheint" enthalten einen bedeutsamen, unten zu prüfenden praktischen Maassstab für die Entscheidung darüber, welches die Objekte des gesetzlichen Schutzes gegen Nachdruck sind. (s. § 11.)

Lienbacher[57]) betont bei dem Ausdrucke „artistisches Eigenthum" nur das Eigenthum, nicht das artistische Element der individuellen schönen Idee. Er berührt richtig, dass der Maassstab für die Anwendung des gesetzlichen Schutzes des Kunstwerks gegen Nachdruck nicht in der dem Kunstwerke zu Grunde liegenden subjektiven schönen Idee, sondern in der Art der Darstellung, „welche man die artistische nennt," zu suchen ist. (s. § 11.)

Kühns[58]) befürwortet mit Recht den Ausdruck des Entwurfes der deutschen Kunstgenossenschaft „Werke der bildenden Künste", stellt aber die von ihm gegebene Erklärung derselben nicht zusammen. In dieser Erklärung selbst fehlt die Rechtmässigkeit der Anfertigung des Kunstwerks.

Im Anschlusse an die obigen gesetzlichen Worte (§§ 4. 5.) fasse ich dieselben so zusammen:

> Gegen Nachbildung zu schützen sind diejenigen rechtmässig angefertigten menschlichen Schöpfungen, welche in den Zweigen der Malerei und Bildhauerei das Schöne darzustellen streben.

Die Worte „menschliche Schöpfungen" schliessen die rein mechanische Thätigkeit aus und enthalten in sich das, wenn oft auch höchst begrenzte, selbständige geistige Schaffen. (s. § 8 und 11.)

---

[57]) Der rechtliche Gesichtspunkt in der Frage, ob den Photographieen gleichfalls der Schutz des Nachdrucksgesetzes gebühre. Wiener Zeitung v. 20 21. Februar 1864. — Vergl. auch seine Historisch-genetische Erläuterungen des österr. Pressgesetzes 1863 S. 67. — Vergl. Kaiser, Ergänzungsheft S. 43.

[58]) Gesetzentwurf S. 15.

„In den Zweigen der Malerei“ bedeutet lediglich äusserlich das Gebiet dieser Kunst gegenüber dem der anderen Künste, also das Gebiet der Zeichnungen, Gemälde, Stahl- und Kupferstiche, Lithographieen u. s. w. Näher auf jenen Fundamentalsatz einzugehen, ist § 11 der Ort, wo die innere Entstehung und Begründung des Urheberrechts erörtert wird. Hier aber muss er bereits aufgeführt werden wegen der für die schutzberechtigten Nachbildungen aus ihm zu ziehenden Folgerungen.

Vereint man weiter die obigen gesetzlichen Bestimmungen über den Grund (§ 2) und über das Objekt (§§ 4. 5) des artistischen Urheberrechtes, so folgt:

Zwei Klassen von Werken der bildenden Künste werden, und zwar mit einem für jede Klasse selbständigen Rechtsschutze geschützt,

I. Die Original-Kunstwerke,

II. Die rechtmässig nachgebildeten Kunstwerke.

I. Die Original-Kunstwerke sind als solche schon rechtmässig; geschützt werden sie wegen der in ihnen liegenden künstlerisch-individuellen Idee der Darstellungsart. (s. § 11.)

II. Die nachgebildeten Kunstwerke sind rechtmässig angefertigt,

a. entweder, wenn ihr Kunst-Vorbild nicht gegen Nachbildung geschützt ist,

b. oder, wenn der Urheber des Vorbildes, oder sein Rechtsnachfolger, oder mit ihrer Bewilligung ein Dritter die Nachbildung fertigt.

Zu II. a. Die Nachbildungen der Klasse a sind also rechtmässig:

α. entweder, wenn ihr Kunst-Vorbild nicht mehr gegen Nachbildung geschützt ist, d. h. wenn dessen Schutzfrist ablief; hier — und nicht allgemeiner — verneint, wenn auch nicht ganz klar, die Rechtmässigkeit dieser Nachbildung unter den deutschen Gesetzen allein das sächsische Gesetz vom 22. Februar 1844 § 3. (s. § 7 unten.)

β. oder, wenn ihr Kunst-Vorbild von Anfang an nicht gegen Nachbildung geschützt war, d. h. wesentlich:

1. wenn das Vorbild aus einer mit Nachdrucksgesetzen unbekannten Zeit stammt,
2. oder, wenn — ganz abgesehen von Nr. 1 — weder der Urheber noch seine Rechtsnachfolger bekannt sind,
3. oder, wenn es ein ausländisches Kunstwerk aus einem nicht in Reziprozität mit dem betreffenden deutschen Staate stehenden Lande ist.

Ferner nach einzelnen Gesetzen:

4. oder, wenn der Urheber oder seine Erben das Vorbild vor dessen Vervielfältigung, ohne Vorbehalt veräussern, (z. B. § 28 des preussischen Gesetzes vom 11. Juni 1837.)
5. oder, wenn der Urheber oder seine Erben die vorgeschriebene Anzeige bei der Behörde verspäten oder ganz unterlassen. (z. B. § 27 desselben Gesetzes.) Gemäss § 29 ebendaselbst gilt diese Bestimmung ad 4 und 5 aber in Preussen nur für den Fall, dass das Kunst-Vorbild ein Originalwerk ist, nicht also dann, wenn es selbst eine Kunst-Abbildung ist; denn letztere bedarf der Anzeige zu ihrem Schutze nicht, (s. unten.)
6. oder, wenn das Vorbild an öffentlichen Orten bleibend aufgestellt ist, (s. unten § 7.)
7. oder, wenn das Vorbild zum Gelderwerbe weder bestimmt noch brauchbar ist, (ausdrücklich in § 1 des sächsischen Gesetzes vom 22. Februar 1844; im

allgemeinen Sinne aufgefasst ist es eine Voraussetzung aller Nachdrucksgesetze)[59]).

Geschützt gegen Nachdruck werden die Nachbildungen dieser Klasse, weil in ihnen ebenfalls die individuelle schöne Idee der Darstellungsart enthalten ist, wenn auch individuell nur in beschränktem Grade, nämlich nur im Anschlusse an das nachgebildete Vorbild. Der Nachbildner versenkt sich in die Idee dieses Vorbildes, reproducirt sie in eigener Form, zuweilen berichtigt, erhöht er sie sogar. (s. bes. §§ 8. 11. 12.) Das gilt zumal bei der Nachbildung in einem anderen Kunstverfahren[60]). So nützen die Nachbildner das Vorbild hier gemeinfrei; gemäss seiner künstlerischen Natur fällt es, nachdem es den zunächst Berechtigten den gesetzlich begrenzten Gewinn abgeworfen, der Gesammtheit zu deren ästhetischer Fortbildung anheim, und bei dieser Ausnahme wandelt sich der Satz, res nullius cedit occupanti, in den: res nullius cedit omnibus.

---

59) Eine Spezialisirung finde ich bei Kaiser, Ergänzungsheft S. 57, aber unvollständig und zum Theil unrichtig geordnet. Er scheint sich an Goltdammer, strafbare Nachbildung etc. S. 17 anzuschliessen, übersieht indess hier das „z. B.", welches die Vollständigkeit ausschliesst, die Kaiser erstrebt. Ganz unverständlich ist es, dass er in Nr. IV. als einen Fall des Gemeingutes anführt, „wenn das Werk im Besitze des Urhebers bleibt und er die jedesmalige Gestattung des Vervielfältigungsrechtes (sic) seiner besonderen Erlaubniss vorbehält." — In gewissem Sinne sind die Kunst-Vorbilder auch Gemeingut für Industrielle, für die Künstler eines andern Kunstzweiges, für die Verfasser, Verleger litterarischer Werke mit Kunst-Abbildungen darin. (s. § 7 dieser Abh.)

60) Das preuss. Ob.-Trib. drückt dies in dem wichtigen Erk. v. 24. Februar 1864 dahin aus: der § 29 des preuss. Ges. v. 11. Juni 1837 bezweckt, eine künstlerische Thätigkeit und deren Produkte zu schützen, die zwar der Originalität in der Darstellung einer eigenen künstlerischen Idee ermangelt, dennoch aber in der Abbildung eines fremden Werkes sich als eine wahrhaft künstlerische äussern und dadurch Werthvolles leisten kann. — Die I. Kammer in Preussen wollte bei den Berathungen über das Ges. v. 20. Februar 1854 rechtmässige Nachbildungen geschützt wissen, weil sie, resp. wenn sie auf eigener besonderer geistiger Thätigkeit des Abbildners beruhen. — S. Goltdammer, strafbare Nachbildung etc. S. 14. 20. 34. — Die

Uebrigens muss hier nicht die Nachbildung von dem Vorbilde selbst oder, was dasselbe, von einem zu diesem Zwecke künstlerisch gefertigten Abbilde, z. B. einer Handkopie desselben genommen werden. Es ist allgemein richtig, dass dem Vorbilde hier eine Kopie desselben von einem Dritten gleich stehe, falls diese nur nicht selbst schon geschützt, wenn auch schon vervielfältigt ist. Diese Kopie kann entweder Gemeingut sein oder von ihrem Verfertiger dem Schöpfer der obigen Nachbildung zum Zwecke dieser Nachbildung dargeboten sein. Nun schützt das Nachdrucksgesetz, welches überhaupt Nachbildungen schützt, diese wegen ihres, wie gezeigt, künstlerischen Wesens, und dem gegenüber kann es an sich gleichgültig sein, ob solche Nachbildung gerade unmittelbar von dem erstrebten Vorbilde, oder von einer schon vervielfältigten, wenn nur noch nicht geschützten Abbildung entnommen ist. Eine Ausnahme hiervon tritt nur ein, wenn, wie in § 29 des preussischen Gesetzes vom 11. Juni 1837, der Schutz einer rechtmässigen Nachbildung davon abhängig gemacht ist, dass sie in einem andern, als das bei ihrem Vorbilde angewendete Kunstverfahren, gebildet ist, und auch dann nur in einem Falle, nämlich folgendem. Hier knüpft das Gesetz den obigen Schutz-Grund an ein bestimmtes Erkennungszeichen. Wenn nun das Vorbild nur in einem Exemplare existirt, z. B. in einem Gemälde, und die Nachbildung nicht unmittelbar nach ihm, sondern nach dem durch einen Dritten von dem Vor-

bayrischen Gerichte sind in dem Prozesse Piloty und Löhle contra Payne dieser Auffassung vom Kunstwerthe der Nachbildungen bekanntlich beigetreten; die sächsischen Gerichte dagegen erkannten überhaupt keinen Kunstwerth u. Schutzgrund den Nachbildungen zu. Sie stehen damit allein in der deutschen Gerichtspraxis; und selbst ihr sächsisches Gesetz v. 22. Februar 1844 § 2 unterstützt sie keineswegs; es sagt nur, die Schutzberechtigung tritt zurück gegen die Rechtmässigkeit bei Kunst-Nachbildungen, ihre Schutzberechtigung erkennt es indirekt selbst, direkt in seiner Vorgeschichte, seinen Motiven an. — S. Volkmann, Werke d. Kunst S. 27—34.

bilde gefertigten, doch nicht geschützten, Stiche gestochen wird, so zeigt sie dem Gemälde gegenüber ein anderes Kunstverfahren, ohne doch die geistig-künstlerische Arbeit bei Umwandlung des Vorbildes im Stich selbst vollzogen zu haben. Diese Arbeit vollzog vielmehr nur der Dritte, d. h. der erste Stecher. In seinem Stiche also, nicht in unserer Nachbildung liegt der Grund für den gesetzlichen Nachdrucksschutz vor[61]). Erscheint das Vorbild dagegen schon in vervielfältigter Gestalt, bildet dann der Dritte in demselben Verfahren nach, und nimmt man nun von seiner Abbildung die Nachbildung in anderem Kunstverfahren; oder schuf der Dritte eine Handzeichnung, Einzelkopie eines auch nur in einem Exemplare existirenden Vorbildes, und man bildet von jener die Nachbildung in einem andern Verfahren; oder kopirte der Dritte ein Einzel-Vorbild oder ein schon in vervielfältigter Gestalt erscheinendes Vorbild in einem andern Verfahren ab, und man fertigt von seinem Abbilde eine Nachbildung wieder in einem anderen Verfahren, als das seinige und das des Vorbildes ist[62]): so gilt stets obige allgemeine Regel. Noch viel weitere Anwendung und Bestätigung endlich findet der obige Satz, dass der

---

[61]) Auf diese Ausnahme weist Goltdammer, strafbare Nachbildung von Kunstwerken S. 21, hin gegenüber dem bei einem speziellen Falle allerdings nicht richtig gefolgerten Grundsatze im Erk. des preuss. Ob.-Trib. v. 24. Februar 1864 (ebend. S. 33. 34), dass der § 29 des preuss. Ges. v. 11. Juni 1837 auch die nicht vom Originale, sondern von dem durch einen Dritten gefertigten ungeschützten Abbilde des Originals genommene, rechtmässige und in einem vom Original verschiedenen Kunstverfahren gefertigte Nachbildung schütze. — Aber die oben im Texte gegebene Ausführung zeigt, dass jene eine Ausnahme auch die einzige, dass dagegen viele Fälle den Satz bestätigen, dass der Satz endlich sowohl nach § 29 a. a. O., als nach den allgemeinen Vorschriften der übrigen deutschen Nachdrucksgesetze noch umfassender gilt, als das königl. Ob.-Trib. ihn im Auge hatte. Uebrigens vergl. hinsichts der „Rechtmässigkeit" in § 29 die Ausführung von § 6 a. E. u. § 8.

[62]) Darauf, dass § 29 ganz allgemein „Abbildung eines Kunstwerks" etc. sagt, ist kein Schluss zu bauen; denn die Vorgeschichte des § 29 er-

Gebrauch eines noch nicht geschützten Abbildes statt des Vorbildes für den Schutz der Nachbildung gleichgültig sei, dort wo nicht ein Original-Kunstwerk, sondern bereits eine nach den gesetzlichen Bedingungen zu schützende und geschützte rechtmässige Nachbildung das Vorbild ist, und man nun statt ihrer eine von ihr genommene ungeschützte Abbildung des Dritten nachbildet. Hier fällt dann die Bedingung des „andern Kunstverfahrens“ ganz fort, und es tritt das obige allgemeine Kriterium der Gesetze ein, dass das in der Nachbildung überhaupt offenbarte künstlerische Element zu schützen sei; hier würde also der obige Satz wieder ausnahmlos in diesem Sinne gelten. Mit Rücksicht hierauf ist bei den so eben durchgenommenen Fällen Vorbild statt Original gesagt.

Zu **II. b.** Die Rechtmässigkeit der hierher gehörigen Nachbildungen gründet sich auf das Urheberrecht des Urhebers des Originals. Unmittelbar, wenn er selbst die Nachbildungen fertigte, mittelbar, wenn seine Rechtsnachfolger (Verleger, Herausgeber, Erben, nach einigen Gesetzen die Eigenthümer des Originals u. s. w., s. ob. § 2); sei es, dass er das Urheberrecht ganz auf sie übertrug, sei es, dass er oder einer jener Rechtsnachfolger unter Vorbehalt der eigenen Vervielfältigung es nur theilweise an Dritte übertrug, an einen Dritten etwa für eine beschränkte Zahl von Nachbildungen, oder an mehrere Dritte etwa je für die verschiedenen Arten der Nachbildung eines Skulpturwerkes in Thon, in Bronze, in Zinkguss u. a.[63]). Denn das noch be-

giebt, dass hier unter „Kunstwerk“ nur ein Originalwerk, entsprechend dem Marginale desselben §, gemeint ist. S. d. Zusammenstellung bei Goltdammer, strafb. Nachb. u. s. w. S. 31 u.

[63]) Kühns, Rechtsschutz S. 32, Gesetzentwurf S. 20, will nur die Uebertragung des ganzen Urheberrechtes, also mit vollem Ausschluss jeder Nachbildung durch Andere eine Uebertragung (Cession) nennen, dagegen obige Theilübertragung nur eine „Gestattung, Genehmigung“ des Urhebers, einen „Verzicht“ in so weit auf sein Recht, und zwar nicht in dem Sinne, welcher

stehende Urheberrecht umfasst hier den ganzen Umkreis der möglichen Vervielfältigungen des Vorbildes, [während in der Klasse a das Urheberrecht an die Gesammtheit übergegangen und damit jede Nachbildung rechtmässig gemacht war]. Jede neue Nachbildung beeinträchtigt die Rechtssphäre jenes Rechtes, seinen Ertrag, daher ist ihre Rechtsexistenz erst durch Genehmigung des Original-Urhebers oder seiner Rechtsnachfolger begründet (s. unten u. Note 60 ob.).

Geschützt gegen Nachdruck sind diese Nachbildungen natürlich aus demselben Grunde, wie diejenigen der Klasse a., bei beiden enthalten sie eine, wenn auch an das Vorbild sich anschliessende, doch individuelle künstlerische Idee. Die obigen Sätze hierüber (S. 59) gelten[64]) genau so auch für die Klasse b. Ausführlich erweist dies die Selbständigkeit des Urheberrechts an der Nachbildung, welche sogleich dargelegt wird, ferner die Geschichte und Auslegung derjenigen gesetzlichen Vorschriften, welche ausdrücklich und abgesondert vom Originale, den Rechtsschutz der Nachbildungen aussprechen, z. B. § 29 des Ges. v. 11. Juni 1837 in Preussen.

---

oben im Texte sogleich erörtert wird. Allein diese Genehmigung u. s. w. enthält eben eine partielle Uebertragung des Urheberrechts (s. oben). Aehnlich, wie Kühns, drückt sich das Ob.-Trib. in dem Erk. v. 24. Februar 1864 aus, dagegen nimmt Goltdammer, strafb. Nachb etc. S. 17, die obige partielle Uebertragung an; (im Uebrigen ist er nicht der oben vertretenen Ansicht). Daher scheint auch die qu. Stelle jenes Erkenntnisses in dem obigen Sinne der partiellen Uebertragung aufgefasst werden zu müssen (s. auch ebend. S. 27 ff) — Für partielle Uebertragung auch Goldschmidt, Handbuch I, 1 S. 479. 480.

64) Das preuss. Ob.-Trib. bestreitet in seinem Erk. v. 24. Februar 1864 dies nicht; nur aus einem ganz andern, im Texte sogleich zu besprechenden Grunde betont es mit den i. N. 60 zitirten Worten über den künstlerischen Werth der Nachbildungen lediglich die Nachbildungen eines Gemeingut-Vorbildes. — Aber gerade für letztere Nachbildungen eines Gemeinguts fehlt bei Kühns a. a. O. der Rechtsgrund ihres Schutzes, da er solchen nur bei den Nachbildnngen der obigen Klasse b. anführt, und zwar Bewilligung und Urheberrecht des Original-Urhebers.

Ueber diesen wichtigen §, insbesondere über den Umfang seines Schutzes, über die Ausdrücke „rechtmässig“ und „anderes Kunstverfahren“, welches gerade ein Merkmal für die selbständig künstlerische und darum schutzberechtigte Nachbildung sein sollte, wird in diesem § 6 unten und im § 8 näher gehandelt. Beide, die der Klasse II. a und II. b, sind ganz dieselben Nachbildungen, ihr Unterschied berührt nirgend ihr inneres, künstlerisches Wesen, also nirgend den eigentlichen Grund jedes und so auch ihres gesetzlichen Schutzes gegen Nachdruck. Der Unterschied ruht nur in ihrer oben erörterten verschiedenen Rechtmässigkeit, derentwegen man sie Seitens des Urhebers des Vorbildes und seiner Rechtsnachfolger nicht verfolgt und straft; davon zu sondern aber ist der Grund, aus dem man ihnen selbst, den Nachbildungen und Nachbildnern, ein Recht der Verfolgung gegen ihre unbefugte weitere Nachbildung, d. h. den gesetzlichen Schutz gegen Nachdruck gewährt.

Daher — aber auch nur daher — könnte man den Inhalt des Urheberrechtes, in welchem die Rechtmässigkeit und die Schutzberechtigung im Sinne der Nachdrucksgesetze sich vereinigen, untheilbar nennen und eine theilweise Uebertragung, wie oben Seitens des Urhebers an Dritte für bestimmte Nachbildungen, nicht mehr Uebertragung, sondern nur Genehmigung dieser Nachbildungen und Verzicht auf das eigene Vervielfältigungsrecht nennen. Nicht aber ist dieses Vervielfältigungsrecht für sich untheilbar, vielmehr kann der Urheber ebenso gut, wie er das ganze Recht an Andere überträgt, auch nur das Recht zu einzelnen Arten von Vervielfältigungen oder zu einzelnen, in Individuum und Zahl bestimmten Vervielfältigungen an Andere übertragen; diese Vervielfältigungs-Exemplare machen er, der Cedent oder Dritte, dann eben nicht selbst, — er oder Dritte dürfen sie nicht mehr machen, — sondern der Cessionar, und eben das Recht des Cessionars dazu ist von dem vorher völlig unbeschränkten Vervielfältigungsrechte des Cedenten abgezweigt und übertragen. So werden diese Nachbildungen rechtmässige. Man muss zwei Punkte hier eben festhalten, einmal die völlige Unbeschränktheit des anfänglichen Urheberrechts, zweitens die in ihm liegende Ausschliesslichkeit der Vervielfältigung des Originals. Diese Ausschliesslichkeit ist, wie eben gezeigt, auch dem Cessionar übertragen und zwar gegen Cedent und Dritte, natürlich aber nur innerhalb der Grenzen des ihm übertragenen Theiles des Urheberrechtes. Verschieden davon ist diejenige Ausschliesslichkeit des Vervielfältigens, welche der Cessionar an den auf Grund der Cession von ihm geschaffenen, daher rechtmässigen Nachbildungen eben durch das Nachbilden sich selbst erwirbt. Jene geht stets auf das Original und dessen Nachbilden zurück, diese stets auf das Abbild des Originals, und so schliesst letztere von der Nachbildung dieses Abbildes jeden Dritten und sogar den Urheber des dem Abbild zu Grunde liegenden Originales (d. h. den obigen Cedenten) aus, nicht dagegen von der weiteren Nachbildung des Originales, mit der sie (die letztere) Nichts zu thun hat.

Demgemäss erwirbt der Verfertiger einer, wenn auch künstlerischen und an sich deshalb schutzberechtigten, aber unrechtmässigen Nachbildung aus dieser kein Urheberrecht auf ausschliessliche Vervielfältigung derselben; denn sein neu entstehendes Urheberrecht verletzte sonst die Rechtssphäre des schon bestehenden Urheberrechts am Originale. (s. N. 60.) Dagegen ist der Urheber eben des Originals, oder sein Rechtsnachfolger, berechtigt gegen weitere Nachbildungen jener unrechtmässigen Nachbildung einzuschreiten — doch nur in so weit, als die weitere Nachbildung zugleich die Nachbildung des Originales selbst darbietet. Also nur sein altes und einziges Urheberrecht vom Originale aus macht er geltend. § 27 al. 2. des neues Bundes-Entwurfes und des bayrischen Ges. v. 28. Juni

1865 ertheilen dem Urheber des Originals dieses Recht ausdrücklich. (s. unten § 7.)[65])

Zu IIa. u. IIb. Das Urheberrecht des rechtmässigen Nachbildners ist ein selbständiges Recht[66]). Es fusst auf dem künstlerischen Elemente der Nachbildung, sein Umfang erstreckt sich auf ausschliessliche Vervielfältigung, und zwar nur der Nachbildung; ebenso ist es unabhängig von dem Urheberrechte am Originale, und es schliesst lediglich die unrechtmässigen Nachbildungen jener Nachbildung aus, nicht die weitere und mit der ersteren vielleicht gar im Verfahren übereinstimmende Nachbildung des Originales selbst. Es kann mit dem Urheberrechte am Originale konkurriren, ja ihm entgegenwirken[67]). Es hängt nicht von der vorschriftsmässigen Anmeldung des Nachbildners bei der Behörde ab,

---

65) Nur in diesem Sinne ist vom preuss. Ob.-Trib. in dem Erk. v. 24. Februar 1864 gesagt, unrechtmässige Nachbildungen hätten keinen Anspruch auf Schutz gegen ihre eigene Nachbildung. S. Goltdammer, strafbare Nachbildung etc S. 17 Nr. 1.

66) Kühns schwankt hierüber. Im „Rechtsschutz" S. 32. 33 verficht er den innigsten Zusammenhang zwischen Original-Urheberrecht und Recht des Nachbildners, im „Gesetzentwurf" S. 20 betont er die Unabhängigkeit des letzteren Rechtes und beruft sich dabei doch auf obige gerade entgegengesetzte Behauptung im „Rechtsschutz" S. 32. Im „Gesetzentwurf" S. 39 wiederholt er dann die Sätze des „Rechtsschutzes".

67) So stellt auch § 3 des österreich. Gesetzes v. 19. Oktober 1846 die vom Original-Urheber und seinen Rechtsnachfolgern ausgegangenen („veranstalteten") Nachbildungen als selbständige Originalwerke dem Vorbilde gegenüber. „Zu Folge des ihm zukommenden Autorrechtes" heisst: Jene als Subjekte des Autorrechtes am Originale dürfen solche Nachbildungen veranstalten, ihre Nachbildungen sind rechtmässig; geschützt aber sind sie wegen ihres Charakters als „Originalwerke", gleich dem Vorbilde. Daher heisst es auch bezeichnend: als Originalwerke „behandelt". Endlich das „veranstalten" schliesst nicht die Genehmigung von Abbildungen Dritter durch Original-Urheber oder Rechtsnachfolger aus, wie Kühns, Rechtsschutz 35, meint. Goltdammer a. a. O. S. 17 begreift sie ebenfalls darunter. — So sagt

diese Anmeldung verlangt für solche Nachbildungen z. B. nicht § 29 des preussischen Gesetzes v. 11. Juni 1837, während das Original solcher Nachbildung, wie jedes, nach § 27 ebend. in Folge der unterlassenen Anmeldung allen Rechtsschutz verliert und gemeinfrei wird[68]). Und zwar nicht deshalb ist die Anmeldung der Nachbildung etwa überflüssig, weil für sie die Anmeldung des Originales mitwirkt[69]); denn auch die nicht angemeldete Nachbildung des nicht angemeldeten und damit schutzlosen Originals erhält den Schutz des § 29 des zitirten Gesetzes (N. 68.) Endlich hat das Urheberrecht des rechtmässigen Nachbildners eine selbständige Schutzfrist. So erklärt sich deren Fortdauer über die Schutzfrist des Original-Urhebers hinaus. Die Gegner müssen sich, dies zu erklären, zu der Fiktion bequemen, das bis zum Ende der Original-Schutzfrist in dieser geschützte Urheberrecht des Nachbildners erlange nach derselben Selbständigkeit und so auch eigene, weiterlaufende Schutzfrist. Sie erkennen indirekt

auch die Münchener Kommission der deutschen Kunstgenossenschaft: „das Exemplar einer gesetzlich gestatteten Nachbildung gilt neuen Vervielfältigungen gegenüber als Original." Ebenso § 3 des Gesetzentwurfs derselben Kunstgenossenschaft giebt dem rechtmässigen Nachbildner ausnahmslos an der Nachbildung das Recht des Urhebers eines Originales. Kühns Rechtsschutz S. 35. Gesetzentwurf S. 4.

[68]) Vergl. hierüber das Gutachten des Berliner artist. Sachverst.-Vereins v. 25. Juni 1863: „der Keller'sche Kupferstich v. Rafaels Disputa z. B. geniesst des Schutzes, ungeachtet das Original sich an der Wand des Vatikans in Rom befindet, ebenso wie der Kupferstich nach dem Gemälde des hiesigen Malers Richter: „Jairi Töchterlein" geschützt ist, unabhängig davon, ob Richter sein Gemälde zum Schutze angemeldet hat oder nicht. Wäre es nicht angemeldet, so würde daraus nur folgen, dass ohne Erlaubniss des Künstlers noch andere Publikationen nach dem Gemälde selbst, nicht aber nach dem vorhandenen Kupferstich gemacht werden könnten" — S. ferner Schnaase, Ueber das künstl. Eigenthum oder das Verbot der Nachbildung bei Kupferstichen und ähnlichen Kunstwerken. Trier 1843. Jurist. Wochenschrift Sp. 865 ff. und Kaiser, Ergänzungsheft S. 56—58, letzterer freilich mit wiederholter petitio principii.

[69]) So meint Goltdammer a. a. O. S. 17. 18.

damit nothgedrungen also schon meine obigen Sätze an. Nehmen sie diese Fiktion nicht an, so kommen sie in Folge ihres innigen Zusammenhanges zwischen dem Urheberrecht am Original und am Abbild zu dem Widerspruche, dass die nach geendigter Schutzfrist des Originals entstandenen Abbildungen länger geschützt werden, als die rechtmässig vor Ende jener Schutzfrist geschaffenen. Ihrer Fiktion steht aber entgegen, dass der Original-Urheber, von dessen Urheberrecht sie das des Nachbildners allein ableiten wollen, diesem nicht grösseres Recht übertragen kann, als er selbst hat; ferner, dass auch die Nachbildungen des Original-Urhebers selbst nach Ende der Original-Schutzfrist selbständig währten, also ihm sein eben erloschenes Original-Schutzrecht indirekt wiedergäben (immer die kurze Schutzfrist der deutschen Nachdrucksgesetze vor dem B.-B. v. 19. Juni 1845, wie nothwendig, vorausgesetzt[70]).

Daher begreift der in den § 26 ff. des preussischen Gesetzes v. 11. Juni 1837 gewährte Schutz des Urheberrechtes am Originale nicht den Schutz des davon unabhängigen Urheberrechtes an rechtmässigen Nachbildungen „anderen

[70]) Auch Goltdammer S. 18 hält jene unglückliche Fiktion „durch die Billigkeit fast für geboten,“ obschon er sich deren Bedenklichkeit nicht verhehlt. Den Widerspruch in der verschiedenen Schutzdauer der von dem geschützten und von dem ungeschützten Originale genommenen Abbilder will er aus dem „ganz veränderten Rechtsverhältnisse“ beider erklären. Aber der Text (S. 59. 63) lehrt, dass gerade in der Begründung ihres Schutzes, ihres Urheberrechtes beide Arten der Abbildung sich völlig gleich stehen, ebenso, wie selbstverständlich in ihrem künstlerischen Wesen. Ihre Verschiedenheit gegenüber dem noch bestehenden oder schon erloschenen Original-Urheberrecht hat mit ihrer Schutzfrist gar nichts zu thun. Goltdammer hält selbst doch die „rechtmässigen“ Nachbildungen, d. h. nach seiner Auffassung die der obigen Klasse b allein (S. 27—29 ebend.) für die vom Gesetze recht eigentlich zu schützenden, für die Haupt-Nachbildungen, und doch will er sie wieder in der Hauptsache, im Urheberrechte und dessen Hauptseite, der Schutzfrist, weit schlechter stellen, als die der Klasse a. (S. 19).

Kunstverfahrens" der obigen Klasse b in sich[71]); vielmehr enthält den Schutz aller rechtmässigen Nachbildungen anderen Kunstverfahrens, sowohl derjenigen eines nicht geschützten Originales, wie derjenigen eines im Schutze des Urhebers oder seiner Rechtsnachfolger befindlichen Originales der unter den deutschen Nachdrucksgesetzen so wichtige § 29 des zitirten Gesetzes. Er lautet: „Die Abbildung eines Kunstwerkes, welche durch ein anderes, als bei dem Originale angewendetes Kunstverfahren, z. B. durch Kupferstich, Stahlstich, Holzschnitt u. s. w. (§ 21), oder durch Abgüsse, Abformungen u. s. w. (§ 22) rechtmässig angefertigt worden, darf nicht ohne Genehmigung des Abbildners oder seiner Rechtsnachfolger, durch ein rein mechanisches Verfahren vervielfältigt werden, so lange die Platten, Formen und Modelle, mittelst welcher die Abbildung dargestellt wird, noch nutzbar sind. Auch hierbei kommt die Bestimmung des § 23 zur Anwendung." (s. § 2 u. § 7 unten, bei „Preussen".) Dem-

[71]) So begrenzt fasst ihn das Erk. des preuss. Ob.-Trib. v. 24 Februar 1864 auf; ferner Goltdammer in seinem an sich so vortrefflichen Aufsatze über strafbare Nachbildung von Kunstwerken (1864), Separatabdruck aus dessen Archiv XII. 153 ff. Auch Kaiser (Ergänzungsheft) scheint sich in den meisten hier einschlagenden Punkten ihnen anzuschliessen S. 51 ff. 58 (unt.) — Bei Goltdammer a. a. O. sind abgedruckt die Vorberathungen zum preuss. Gesetze v. 11. Juni 1837, besonders zu dessen § 29 (s. dort S. 2—10 26 ff.), ferner das obige Erk (S. 32—35), endlich die zwei dazu gefällten Gutachten des artist. Sachv.-Vereins (S. 37—41). — Laut Kaisers (Ergänzungsheft S. 56) sehr kurzer Erwähnung ist Schnaase in einem Aufsatze „Erläuterungen zu dem Aufsatze über die strafbare Nachbildung von Kunstwerken (G.'s Archiv XII S. 383 ff.) den Ansichten Goltdammers entgegengetreten, und dieser replizirte in einer Nachschrift zu Schnaase's Aufsatz (a. a. O.). — Leider konnte ich mir bei meinem Aufenthalte in Montreux nicht die Abhandlung Schnaase's noch die Replik Goltdammer's verschaffen, und bis zu meiner Rückkehr nach Breslau im April 1866 durfte der Druck dieser Arbeit wegen der mit ihr eng zusammenhängenden, im März 1866 veröffentlichten Denkschrift über den Rechtsschutz der Photographie etc. Seitens des Vereins deutscher Verleger zum Schutze gegen Nachdruck nicht hinausgeschoben werden.

gemäss stehen im § 29 allgemein die Citate der §§ 21 und 22; ebenso ausnahmlos setzt das Marginale des § 29 „Abbildungen von Original-Kunstwerken“ alle Klassen rechtmässiger Nachbildungen den voraufgehenden Bestimmungen gegenüber, und der Text spricht nur von „rechtmässig angefertigten Nachbildungen“ allgemein und nicht von dergleichen Nachbildungen blos schutzloser Originale speziell. Dazu kommt, dass die Verhandlungen in der Kommission des Staatsrathes bei Berathung des Gesetzes v. 11. Juni 1837 ergeben, wie man das Urheberrecht des Nachbildners klar von demjenigen des Original-Schöpfers trennte[72]), das künstlerische, und deshalb schutzberechtigte Schaffen des Nachbildners eben dadurch anerkennen und unter dem eigenen Rechtsschutze sich entfalten lassen wollte (daher auch das äussere Merkmal des künstlerischen Nachbildens „das andere Kunstverfahren“ s. § 8), und wie man unter „rechtmässig“, das zuerst mitten in der Berathung ohne ersichtliche Motive in einem Vorentwurfe des § 29 auftaucht[73]), nicht lediglich die obige Klasse a der rechtmässigen Nachbildungen begreifen wollte. Der Ausdruck „rechtmässig“ kann, wie oben gezeigt, sehr wohl beiden Klassen von Nachbildungen zugetheilt werden; obgleich die Gegner Dies für die Nachbildungen eines Gemeingutes entschieden verneinen, beziehen sie schliesslich doch den § 29 auf letztere Nachbildungen und nur auf sie[74]), und heben so ihre entschiedene Verneinung selbst auf. Eben sie finden ferner gerade für diese Klasse von Nachbildungen das „andere Kunstverfahren“ und die eigenthümliche Schutzfrist des § 29 (s. oben S. 29 bei „Preussen“) passend. Endlich, wenn

---

[72]) S. den Bericht darüber bei Goltdammer a. a. O. S. 4. 6 ff. 26, der indess daraus nicht das Obige folgern will.

[73]) S. in Goltdammer ebend. S. 9 unten.

[74]) So das Erk. des preuss. Ob.-Trib. v. 21 Februar 1864; ferner Goltdammer a. a. O. S. 29. 32. 33.

§ 29 die Nachbildungen eines Gemeingutes in sich begreift, gäbe er allerdings dem Schöpfer eines Originales, der durch unterlassene Anmeldung desselben nach § 27 ebend. es schutzlos, gemeinfrei gemacht hat, den Schutz mittelbar wieder. Denn bildet jener Künstler das verborgen gehaltene Original nun in allen dabei möglichen Kunstverfahren nach und verbirgt dann das Original weiter oder vernichtet es, so schliesst er jede fremde Nachbildung desselben durch den für sich selbst erworbenen Schutz aus. Eben Dies erreichte er, wenn er so nach Ablauf der ursprünglich nur zehnjährigen Schutzfrist dieses Gesetzes verfuhr, und hier träte dazu dann der S. 67. 68 schon erörterte Widerspruch hinsichts der Schutzfrist ein. Allein dieser Fall zeigt in sich schon Gesuchtheit und Seltenheit. Umgehungen, wie diese, sind bei vielen Gesetzen möglich[75]). Vor Allem aber ist das Recht des Original-Urhebers an den von ihm gefertigten Abbildungen des Originals, wie eben bewiesen, ein selbständiges Recht, begründet durch die Abbildungen, und ist nicht dasselbe Recht, wie das eben erloschene Original-Urheberrecht. Jenes Recht bleibt ihm im obigen Falle, nicht dieses; das ist also kein Widerspruch des Gesetzes, sondern eine Folgerichtigkeit. Als Widerspruch erscheint es erst, wenn man die Vorstellung in das Gesetz hineinträgt, dass das Nachbildungs-Urheberrecht in dem Original-Urheberrecht enthalten sei und von ihm ausgehe. Sonach steht auch der letzte Punkt nicht entgegen.

Noch zweifelloser passt der Ausdruck „rechtmässig" auf die Nachbildungen, welche der Original-Urheber selbst oder seine Rechtsnachfolger oder Dritte mit ihrem Willen von dem

---

75) Sagt doch selbst Goltdammer a. a. O. S. 2. 10., welcher die der meinigen entgegengesetzte Ansicht vertritt, es scheine, als ob man sich bei Berathung des preuss. Gesetzes v. 11. Juni 1837 ohne Zuziehung bewährter Kunstverständiger über die Tragweite einzelner Ausdrücke und Bestimmungen keine Rechenschaft gegeben habe.

Originale nahmen (oben Klasse b.). Dem „anderen Kunstverfahren" des § 29 will hierbei nicht das Gesetz das „irgend ein Kunstverfahren" des § 27 gegenüberstellen; letzteres soll im § 27 nur allgemein sagen, das Gesetz mache gegenüber der Anzeige des Originals bei der Behörde keinen Unterschied zwischen den etwa verschiedenen Arten der Nachbildung desselben, um so mehr, als § 27 in den Vorentwürfen des Gesetzes hinter § 29 stand. Im § 29 soll, wie schon berührt, der bei der Nachbildung erforderte Wechsel des Kunstverfahrens (s. § 8) ein äusseres Merkmal für deren künstlerisches darum schutzberechtigtes Schaffen geben[76]), und gerade nur diese Arten der Nachbildung mit anderem Verfahren, nicht die mit demselben Verfahren, wie das des Originales, fasste man im § 29 zusammen, weil man ihnen eben entsprechend ihrem Wechsel des Verfahrens die besondere Schutzfrist (bis zur Vertilgung der Platten, Formen, Modelle) geben wollte[77]). Diese Frist konnte länger oder kürzer, als die damals sonst geltende 10jährige währen, daher setzte man mit der ihnen vornehmlich angemessen erscheinenden Frist jene Nachbildungen nicht zurück gegen die in der 10jährigen Frist der § 21 ff. geschützten Abbildungen desselben Verfahrens (wie das des Originals). Letztere Abbildungen desselben Verfahrens aber unterschied man sehr bestimmt in ihrer Stellung zum Vorbilde, zum Publikum u. s. w. von den Nachbildungen des „anderen" Verfahrens, und setzte sie dem Vorbilde besonders nahe[78]).

---

[76]) So auch Goltdammer a. a. O. S 21.

[77]) S. die Erklärungen des Staatsraths über den Entwurf des Ministerii v. 11. August 1836: Goltdammer a. a. O. S. 6. 7. Nr. 3.

[78]) Diese Trennung der Nachbildung „desselben", von denen des „andern" Verfahrens, und die Anreihung jener an die Originale findet sich schon in den Erwägungen der vorberathenden Abtheilung des Staatsraths über den Entwurf des Staatsministerii v. 11. August 1836. S. Goltdammer a. a. O. S. 5. 12.

Aus diesen Gründen, darunter vornehmlich, weil das Urheberrecht des Nachbildners von dem des Original-Schöpfers unabhängig ist, umfasst und schützt § 29 des preussischen Gesetzes alle rechtmässigen Nachbildungen des „andern Verfahrens", sowohl diejenigen des Original-Urhebers, seiner Rechtsnachfolger und Dritter mit dem Willen Jener, als auch diejenigen des Gemeingutes.

IV.

Die speciellen Rechtsverhältnisse der rechtmässigen Nachbildung insbesondere.

§ 7. Bestimmungen hierüber in den Nachdrucksgesetzen und Gesetzentwürfen.

Ausser den im vorigen Paragraphen behandelten zwei Hauptklassen der rechtmässigen Nachbildungen führen die ausführlicheren deutschen Nachdrucksgesetze noch eine Reihe von Nebenklassen derselben speziell auf. Die weniger ausführlichen Gesetze begreifen diese Nebenklassen zum Theil in ihre allgemeinen Vorschriften ein[79]).

In Bayern galten nach Artikel 1. 2. des Gesetzes vom 15. April 1840 als rechtmässige Nachbildungen: 1) die obigen 2 Hauptklassen — was zum Theil insbesondere in dem Prozesse Piloty und Löhle wider Payne auch von den bayrischen Gerichten ausgesprochen worden ist. — 2) Die „Verarbeitung eines Kunst-Erzeugnisses zu eigenthümlicher Form.“ 3) Nachbildungen von Bauwerken in den äusseren Umrissen, von den an öffentlichen Plätzen aufgestellten Denkmalen. [Vergleiche übrigens Nr. 3 der gesetzlichen Bestimmungen von Braunschweig und die Bemerkung dazu.] Hierbei sei darauf

---

79) Vergl. im Allgem. meine Denkschrift S. 31—35.

hingewiesen, dass dieses Gesetz in Artikel 1 die Einzelkopie (in Malerei und Handzeichnung) ausdrücklich — von der mechanischen Vervielfältigung gesondert — verbietet, abgesehen von Nr. 1. Betreffs des neuen Gesetzes vom 28. Juni 1865 vergleiche unten den Bundes-Entwurf.

In Braunschweig gelten nach Gesetz vom 10. Februar 1842 § 7—9 als solche: 1) die 2 Hauptklassen. 2) Nachbildungen, welche durch ihre bedeutenden Abweichungen ein selbständiges Kunstwerk werden. Solche Abweichungen sind z. B. nicht die an Grösse, Kunstverfahren (z. B. Kupferstiche in Steindruck und umgekehrt). 3) Nachbildungen von Kunstwerken an öffentlichen Plätzen, unter Beobachtung der Polizeivorschriften. [Die Bezeichnung ist ungenau; das Gesetz meint natürlich die Nachbildung von öffentlich aufgestellten, der Oeffentlichkeit geweihten Bauwerken, architektonischen, plastischen Denkmälern u. a.] 4) Nachbildungen von Werken der Malerei und Zeichnenkunst durch Plastik und umgekehrt. 5) Nachbildungen von Kunstwerken in Mustern, Verzierungen bei Sachen der Manufaktur, Fabriken, Handwerke. Die Einzelkopie (in Malerei und Handzeichnung) ist auch hier speziell verboten § 7, abgesehen von Nr. 1.

In Oesterreich laut Gesetz vom 19. Oktober 1846 § 1—3, 9—11 folgende: 1) die 2 Hauptklassen, welche, so weit sie rechtmässige Nachbildungen, vom Urheber oder seinen Rechtsnachfolgern „veranstaltet“ sind, § 3 alinea 3 „als Originalwerke behandelt“ wissen will. 2) Die wesentlich selbständige Darstellung des Vorbildes; diese Selbständigkeit liegt nicht im Material, Form, Grösse, Kunstverfahren. 3) Die Nachbildungen auf Erzeugnissen der Manufaktur, Fabrik, des Handwerks zu wirklich materiellem Gebrauch. 4) Die plastische Darstellung eines durch die Presse publizirten Werkes der zeichnenden Kunst. 5) Die farbige oder farblose Abzeichnung eines zum wirklichen materiellen Gebrauche bestimmten oder nur zur Zier eines Gewerbeproduktes dienenden plastischen Kunstwerks. Ob Einzelkopien, abgesehen von Nr. 1, hier ebenfalls als rechtmässig gelten, bleibt zweifelhaft.

In Preussen nach dem Gesetze vom 11. Juni 1837, — welchem für Sachsen-Weimar-Eisenach das Gesetz vom 11. Januar 1839 folgt, —[80]) § 21 ff. und § 1 des Gesetzes vom 20. Februar 1854 gelten als rechtmässige Nachbildungen: 1) die 2 obigen Hauptklassen. 2) Einzelkopien — abgesehen von Nr. 1 — in Malerei und Handzeichnung[81]). 3) § 23: die vom Originale wesentlich abweichende selbständige Nachbildung; unwesentliche Abweichungen, z. B. in der Grösse, sind irrelevant. 4) Die nicht rein mechanische Nachbildung eines Werkes der Malerei oder Zeichenkunst durch Plastik oder umgekehrt. 5) Die Nachbildung in Mustern zu den Erzeugnissen der Manufakturen, Fabriken, Handwerke. 6) § 29: Speziell Nachbildungen von denjenigen Abbildungen eines Kunstwerks, welche durch ein anderes, als das bei dem Originale angewandte Kunstverfahren, z. B. durch Kupfer-Stahlstich, Holzschnitt u. s. w. (§ 21) oder durch Abgüsse, Abformungen u. s. w. (§ 22) rechtmässig angefertigt sind, sind dann ausser obigen Fällen 1—5 rechtmässig, wenn die Platten Formen und Modelle zur Herstellung der Abbildung nicht mehr nutzbar sind. (S. 69.) [Letzterer Fall gehört indessen eigentlich schon zu Nr. 1, da die Abnutzung der Platten u. s. w. die nachzubildende Abbildung zum nachdruckfreien Originale macht, gleich dem Ablauf der Schutzfrist u. a.[82]).

---

80) S. meine oben genannte Denkschrift S. 33.

81) Vergl. den detaillirten Nachweis bei Goltdammer, Strafbare Nachbildung von Kunstwerken 1864 S. 11. 12, welcher erst die Zweifel hierüber hins. des preuss. Gesetzes gelöst hat, — nicht aber hins. derjenigen übrigen deutschen Nachdrucksgesetze, welche ausdrücklich die „mechanischen Vervielfältigungen“ in ihren Verboten betonen.

82) Vergl. Erk. des Ob.-Trib. v. 13. Mai 1857 bei Kaiser a. a. O. S. 60 Nr. 2. Wächter, Verlagsrecht S. 480, und über die nach dem

In Sachsen sind laut dem Gesetze vom 22. Februar 1844[83]) rechtmässige Nachbildungen: 1) die obigen 2 Hauptklassen, gleichviel, ob hier die Nachbildung rein mechanisch oder mit Hülfe einer durch selbständige Kunstfertigkeit hervorgebrachten Nachbildung bewirkt ist — allein mit der, aber auch nur dieser Einschränkung, dass bei Vervielfältigung eines nicht mehr geschützten Kunstwerks nur „die neuen Kunsterzeugnisse, mit welchen es dabei in Verbindung gebracht wird," als rechtmässig und schutzberechtigt gelten (§ 3 alin. 7). Es ist dies nur eine von den 8 Arten der Klasse II. a der rechtmässigen Nachbildungen, (oben S. 57. 58), und selbst diese noch zweifelhaft nach den Worten des Gesetzes. — Hierbei ist selbstverständlich das Gesetz an sich, abgesehen von dessen seltsamer Auslegung in der sächsischen Gerichtspraxis z. B. in dem Prozesse Piloty & Löhle contra Payne, betrachtet (N. 60.) Mit der hier gegebenen Auffassung des Gesetzes stimmt auch die heutige sächsische Gerichtspraxis (s. unt. § 12—14.) — 2) jede Nachbildung eines Kunstwerkes, das nicht zum Gelderwerbe benutzt werden kann, und dazu, wie aus der gewöhnlichen Anwendung oder den besonderen Umständen erkennbar sein muss, wirklich nicht bestimmt ist (§ 1—2). Ob das Gesetz auch die Einzelkopie, abgesehen von Nr. 1, gestattet, bleibt zweifelhaft. — Volkmann a. a. O. § 5.

In Würtemberg stellen das Ges. v. 17. October u. die Verf. v. 19. October 1838 1) die obigen 2 Hauptklassen auf, 2) Nachbildung von Werken zeichnender Kunst durch Plastik

Gesetze v. 16. Januar 1846 principaliter auch hier geltende Schutzfrist der Lebenszeit und 30 Jahre das bereits zitirte Erk. des Ob.-Trib. v. 20. Mai 1859. — S. oben N. 27 bei „Preussen".

83) Eine Uebersicht der voraufgegangenen gesetzlichen Bestimmungen über unsere Frage, besonders des Gesetzes v. 10. August 1831 mit seinen 6 Klassen rechtmässiger Nachbildungen, die zum Theil unhaltbar, und der Verfügung v. 4. Januar 1838 zur Publikation des Bundesbeschlusses v. 9. November 1837 giebt meine oben genannte Denkschrift S. 32. 33.

und umgekehrt, 3) Nachbildung mit solchen Veränderungen gegen das Original, dass sie wie selbständige Schöpfungen anzusehen[84]).

Der Entwurf der deutschen Kunstgenossenschaft v. 1864 geht in meist consequentem freilich, doch zuweilen einseitigem Interesse der Künstler, gegenüber dem des Handels, des Publikums, der Wissenschaft zu weit, wenn er im § 1—4 nur obige 2 Hauptklassen als rechtmässige Nachbildungen angesehen wissen will. Hierbei soll es keinen Unterschied machen, ob die Nachbildung vom Original in unwesentlichen Punkten, im Herstellungsverfahren abweicht, und gleichviel, wie ihre Form, Grösse, Material, Herstellungsart (Vervielfältigung, Copie), gleichviel, ob sie ein Werk der zeichnenden Künste wiedergiebt in Skulptur oder umgekehrt, ob sie durch Manufakturen, Fabriken oder Handwerke hervorgebracht ist und sich an Gebrauchsgegenständen befindet, ob sie den Theil eines Schriftwerks ausmacht[85]). Neben jenen 2 Hauptklassen und diesen so umfassenden und detaillirten Verboten heisst es dann noch im Eingange des § 4, der künstlerische Sachverständigen-Verein solle nach freiem Er-

---

[84]) Welch ein wunder Punkt für den Kunsthandel in dieser letzten an sich gerechtfertigten, aber verschieden auszulegenden und in den einzelnen deutschen Staaten in der That höchst verschieden ausgedehnten Klasse der rechtmässigen Nachbildungen liegt, zeigt u. a. die Entscheidung des höchsten Würtemberger Gerichtshofes in dem Nachdrucksprozesse des Dresdner Kunstverlegers von dem Blatte „die 1. Vorlesung der Räuber von Schiller" gegen dessen photographischen Nachdrucker in Stuttgart. Das Gericht hält diesen Nachdruck für erlaubt, weil die entstandene Photographie in der Grösse vom Originale abweiche! (Das Reskript d. d. Stuttgart den 25. Februar 1815 betrifft nur Büchernachdruck und kann jenes Erk. nicht stützen, wie Kaiser, Ergänzungsheft S. 48, zu glauben scheint, vergl. Eisenlohr, Nachtrag S. 47.) Dann ist auch Abklatsch kein Nachdruck wegen der andern Seitendarstellung. S. Höpfners Schrift, Grimma 1843, bei Kaiser a. a. O. — Wächter (Deutsche Vierteljahrsschrift 1863 S. 192).

[85]) Vergl. schon die Beschlüsse der Berliner Commission der Kunstgenossenschaft Nr. 1—3 bei Kühns Rechtsschutz S. 46 u. daselbst § 5 S. 35 ff.

messen im Allgemeinen beurteilen, was als unbefugte Nachbildung eines Werkes der bildenden Künste zu erachten sei[86]).

Endlich der Bundesgesetzentwurf v. 1864, welchem das bayrische Gesetz v. 28. Juni 1865 folgt, erkennt in § 1. 26 ff. 35 als rechtmässige Nachbildung an: 1) die obigen 2 Hauptklassen, 2) Einzelkopieen ohne Rücksicht auf Nr. 1, wenn das Original schon aus dem Eigenthum des Urhebers schied und schon rechtmässig nachgebildet wurde[87]). (Unter „Einzelkopie" ist die Nachbildung durch Malerei oder Handzeichnung gemeint, der Zusatz würde es klarer machen.) — Nachbildungen von rechtmässigen oder unrechtmässigen

---

86) Sogar die Nachbildung öffentlich und für die Oeffentlichkeit aufgestellter Kunstwerke ist damit verboten. Ein früherer Beschluss der Berliner Commission dieser Kunstgenossenschaft (vergl. Kühns Rechtsschutz S. 48) stellte dies Verbot nur auf für die gewiss seltene Nachbildung von öffentlich aufgestellten, im Privatbesitze befindlichen Kunstwerken. Jene allgemeine Ausdehnung verficht Kühns, Gesetzentwurf S. 17—19, doch, wie die oben im Text folgenden neuen Gesetze und Entwürfe zeigen, erfolglos. Vergl. auch Dumoulin, Compte rendu des travaux du congrès artistique d'Anvers, p. 224 ebend.

87) Die bisherigen deutschen Nachdrucksgesetze ausser dem Braunschweigischen und früheren Bayrischen, verbieten Einzelkopieen nicht ausdrücklich, unmittelbar, höchstens in ihrem allgemeinen Nachdrucksverbote mittelbar als Nachdruck, da allgemein über die Strafbarkeit der Nachbildung der Gesichtspunkt entscheidet, dass sie den Absatz des Originals beeinträchtigt. Erk. des preuss. Ob.-Trib. v. 23. Juni 1858 (Goltdammer Archiv VI. 691) und die Note 81 bei „Preussen". — Goltdammer, strafb. Nachbild. etc. S. 5. 11. 12 ff. — Vergl. Jolly, Lehre vom Nachdruck S. 184. Wächter, Verlagsrecht S. 576. Ders.: das Recht des Künstlers 1859 S. 24 ff. Kühns, Rechtsschutz S. 38. Ders.: Gesetzentwurf S 24 — S. den österr. Gesetzentwurf § 51 c. Entwurf des Börsen-Ver. der deutschen Buchhändler v. Decbr. 1857 § 40, wesentlich übereinstimmend mit dem § 26 des Bundes-Entwurfs und des bayr Gesetzes, nur dass auf die bereits geschehene rechtmässige Nachbildung des zu kopirenden Originals kein Gewicht gelegt wird, dagegen auf die Bestimmung der Kopie zum Gelderwerbe, wodurch die zum Studium oder Vergnügen gefertigte Einzelkopie vom Nachdrucksverbote ausgenommen ist. — Die Photographie wird von den über diesen Punkt schwebenden Fragen offenbar nicht berührt.

Nachbildungen sind verboten, falls letztere selbst als Kunstwerk zu betrachten (über diese unhaltbare Bedingung s. § 11 ff.) und durch ein anderes, als das beim Originale angewendete Kunstverfahren angefertigt sind, z. B. ein Kupferstich nach einem Gemälde. § 27[88]). — § 29 belässt eine Nachbildung als unrechtmässig, wenn sie auch in Grösse, Vollständigkeit, anderen Nebenpunkten, Kunstverfahren vom Vorbilde abweicht. 3) Die Nachbildung durch Benutzung eines Kunstwerks, wenn nur nicht in der Hauptsache dabei die obigen Grenzen des Nachdrucks überschritten werden (§ 30), besonders die Nachbildung plastischer Werke durch graphische Darstellung und umgekehrt[89]). 4) Die Nachahmung von Kunstwerken in Industrieerzeugnissen, und die Nachbildung und Vervielfältigung von Industrieerzeugnissen, sollte auch zur Herstellung der letzteren Kunstfertigkeit nöthig gewesen sein[90]). 5) Die Nachbildungen der Kunstwerke in litterarischen Arbeiten, falls letztere Hauptsache sind, erstere nur den Text erläutern[91]). 6) Die Nachbildung von öffentlichen Denkmälern, welche auf Strassen (natürlich öffentlichen) oder öffentlichen Plätzen bleibend aufgestellt sind[92]). — Endlich verbietet

---

88) Der zu Grunde gelegte § 16 des österr. Entwurfs, wesentlich übereinstimmend mit obigem § 29 des preuss. Gesetzes v. 11. Juni 1837, betont nicht jene Bedingung des Kunstwerks, aber leider noch das von dem des Originals verschiedene Kunstverfahren „z. B. durch Kupferstich, Holzschnitt, Lithographie oder durch Abguss, Abformung u. s. w.“; dagegen verwirft er glücklicher Weise die unhaltbare Schutzfrist von § 29 des zit. preuss. Gesetzes.

89) Vergl. den Entwurf des Börsen-Vereins v. December 1857 § 44 c. u. § 18 des österreich. Entwurfes.

90) Vergl. dagegen § 43 al. 2 des zitirten Entwurfes v. December 1857 und die Motive seines Commissions-Entwurfes v. Juli 1857 § 43 S. 128. Ferner § 17 des österreich. Entwurfs, übereinstimmend mit letzterem. Damit stimmt auch der Beschluss des Künstlerkongresses zu Antwerpen 1861. —

91) Vergl. den Entwurf v. December 1857 § 44 c. und § 18 c. des österr. Entwurfes.

92) Entwurf v. December 1857 § 44 d. Oesterreich. Entwurf § 18

§ 34 originell und anerkennenswerth die Vervielfältigung von rechtmässigen und unrechtmässigen Nachbildungen der Kunstwerke zur blossen Umgehung der Nachdrucksvorschriften zum Nachtheile des Urhebers des Originals resp. der Hauptabbildung.

---

§ 8. Erörterung dieser Bestimmungen.

Die einzelnen Klassen. Das Recht der Nachbildung in einem andern Kunstzweige. Rein mechanisch. Das Recht der Nachbildung in einem andern Kunstverfahren.

In dem unten folgenden § 11 versuche ich im Zusammenhange mit der Darlegung vom Wesen der Kunstwerke im Bereiche der bildenden Künste zu beweisen, dass auch das Schaffen der Photographen ein künstlerisches innerhalb der Grenzen bestimmter Kunststufen genannt werden müsse, bei Anfertigung sowohl von Original-Photographieen, als auch von photographischen Nachbildungen.

Die Richtigkeit dieses Beweises vorausgesetzt, fällt die Photographie in dem Fundamentalsatze des Nachdrucksschutzes (§ 6 S. 56) unter die Zweige der Malerei. Demgemäss findet auch die obige Eintheilung der „rechtmässig angefertigten menschlichen Schöpfungen, welche in der Malerei das Schöne darzustellen streben," in Originalwerke und zwei Klassen rechtmässiger Nachbildungen (IIa. u. b.) nebst den daran geknüpften juristischen Untersuchungen auf die Erzeugnisse der Photographie Anwendung, im Wesen dieser Erzeugnisse liegt Nichts, was solcher Anwendung widerspricht; so oft dabei das Kunstelement der Nachbildungen etwa mitspielt als Grund ihres Schutzes gegen unbefugte Vervielfältigung, tritt der Beweis des § 11 ff. für sie ein. Das genügt nun für die meisten der deutschen Staaten, da diese keine ausführlicheren Bestimmungen über die rechtmässigen Nachbildungen enthalten.

Es handelt sich also noch darum, die Anwendbarkeit der in den ausführlichen deutschen Nachdrucksgesetzen unterschiedenen Nebenklassen solcher Nachbildungen (§ 7) auf die Photographie zu prüfen.

Die Nachbildungen von Kunstwerken in Einzelkopieen durch Malerei oder Handzeichnung, in litterarischen Werken, in Industrieerzeugnissen scheiden hier von vornherein aus. Die Anerkennung dieser letzten Nachbildungsklasse in dem Bundesentwurfe v. 1864 und dem bayrischen Ges. v. 28. Juni 1865 ist zu beklagen, weil damit weder den Interessen der Kunst noch der Industrie gedient und die Folgerichtigkeit im Verbote der gleichviel, ob ganz oder theilweise, in diesem oder jenem Materiale, zu einem oder dem andern Zwecke gefertigten unerlaubten Nachbildung verletzt wird[93]). Ebenso kann die vom sächsischen Gesetze ausdrücklich gemachte spezielle Ausnahme unberücksichtigt bleiben, weil es sich in den seltensten Fällen um eine photographische Nachbildung eines Kunstwerks handeln wird, welches nicht zum Gelderwerbe bestimmt oder dazu brauchbar ist. An sich stände auch der Ausdehnung dieser Klasse auf photographische Erzeugnisse Nichts entgegen. — Photographische Nachbildungen von Bauten und Denkmälern an öffentlichen Orten, ferner diejenigen photographischen Nachbildungen, welche wegen ihrer

---

[93]) Der Gesetzentwurf v. Juli 1857 weist zu § 43 in den Motiven S. 128 darauf hin, dass in Frankreich, wo a 425 des code pénal obige Nachbildungsklasse ausschliesst, gerade dadurch die Industriezweige mit künstlerischer Unterlage recht blühen. Der Entwurf v. December 1857 § 43 al. 2 hält ein besonderes Gesetz über „diese zwischen künstlerischem und Muster-Schutze liegende Materie“ für vielleicht wesentlich. — Daher treten der österreich. Entwurf § 17 und der Entwurf der Kunstgenossenschaft § 4 Nr. 3 jenen bei. — Vergl. auch O. Wächter, Das Recht des Künstlers 1859, S. 33 ff. — Kaiser, Preuss. Gesetzgebung etc. S. 54. 55. — Auch § 12 dieser Abh. a. E.

wesentlichen Abweichungen vom Vorbilde bereits über die Schranken der Abbildungen hinausragen, unterscheiden sich in ihrem Wesen offenbar nicht derart von sonstigen Nachbildungen dieser Klassen, dass letztere sie ausschlössen. Der Grund des Nachdrucks-Schutzes hierbei ist wieder der künstlerische Charakter derartiger Nachbildungen, zumal sie bereits den wirklichen Original-Kunstwerken sich nähern. Und dieser Charakter offenbart sich eben in der Gestaltung eines in sich selbständigen und einheitlichen Werkes, man kann hier nicht die neuen und alten, selb- und unselbständigen Theile sondern, und jene schützen, diese verfolgen, mögen letztere auch unterscheidbar und etwa die Kopie wieder von einem zweiten Nachbildner nachgebildet werden[94]). Also tritt für die Gleichstellung solcher photographischen Nachbildungen der Beweis unten im § 11. 12. ein. [S. schon oben S. 58 die Klasse II a. 6. 7.]

Ebenso ist es mit photographischen Nachbildungen von Kunstwerken der Plastik (s. § 12). — Die obige besondere Hinzufügung hierzu im österreich. Gesetze v. 19. October 1846 gilt offenbar ebenso gut für die Photographie. — Das preussische Gesetz v. 11. Juni 1837 schützte im § 24 allgemein die Nachbildung eines Kunstwerks der Malerei oder zeichnenden Künste durch die Plastik oder umgekehrt; § 1

---

94) Eine Sonderung dieser Theile führt durch: § 3 al. 7 des sächs. Gesetzes v. 22. Februar 1844, mehr consequent, als in der Praxis der Kunst und des Rechts zu verwirklichen. Nur an den neu zugefügten Kunsterzeugnissen in der Nachbildung eines Gemeinguts erwirbt der Nachbildner ein Urheberrecht. Das „neu zugefügt" bleibt wieder zweifelhaft. Zu wie vagen, Kunst-, Kunsthandels- und Rechts-widrigen ausgedehnten Folgerungen diese Gesetzesstelle in der sächs. Gerichtspraxis Anhalt geben muss, liegt auf der Hand. — Auch diese missliche Gesetzesvorschrift scheint nur durch die unheilvolle Zusammenfesselung des Schutzes von litterarischen und künstlerischen Erzeugnissen in den deutschen Nachdrucksgesetzen hervorgerufen. Für das litterarische Werk hat die obige Bestimmung einen sehr klaren und richtigen Sinn.

des Gesetzes v. 20. Februar 1854 beschränkt indess diesen Schutz auf die nicht »rein mechanische« Nachbildung. Die Berathungen der Spezial-Abtheilung des Staatsraths über obigen § 24[95]) lehren, dass man in der Uebertragung eines Kunstwerks in das andere Kunstgebiet ein sicheres Merkmal für die künstlerisch freie, daher zu schützende Reproduktion der jenem übertragenen Kunstwerke zu Grunde liegenden schönen Idee sah, und dass hier der Rechtsschutz gegen Nachdruck um so gefahrloser schien gewährt werden zu können, weil die Uebertragung ein wesentlich verschiedenes, den Absatz des Vorbildes nicht beeinträchtigendes Werk erzeuge, oder, wenn sie blos in Umrissen übertrage, den Absatz eher steigern müsse. (Jenes gilt ebenso noch für die heutigen Kunstschöpfungen, wie dieses noch für den heutigen Kunsthandel[96]). Wenn man in § 21 ff. die Einzelkopie in »demselben Verfahren« des Vorbildes schützte, so beging man gerade keinen Widerspruch[97]) dadurch, dass man die Kopie in einem »andern Kunstgebiete« noch ausdrücklich für geschützt erklärte; man sprach nur aus, was sich durch Interpretation schon folgern liess. Hier greift nun das Gesetz v. 20. Februar 1854 ein, indem es von dieser Klasse der rechtmässigen Nachbildungen die rein mechanische Uebertragung ausschliesst. — Die Wortfassung seines § 1: »Die Nachbildung ... ist nur dann verboten« passt allerdings nicht[98]) zu der positiven Ausnahme des § 24, erklärt sich indess gut aus der doppelten Negation (als verbotene Nachbildung ist es nicht zu betrach-

[95]) Zu finden bei Goltdammer a. a. O. S. 5.

[96]) S. dagegen Wächter, R. des K. S. 84 ff., auf Grund der Motive des Entwurfs v. Juli 1857. Ferner Kühns, Gesetzentwurf S. 25. 26, der lediglich vom Interesse der Künstler aus die ganze rechtmässige Uebertragung des § 24 l. c. verwerfen will.

[97]) Goltdammer findet ihn darin a. a. O. S. 13.

[98]) Goltdammer a. a. O. S. 13 weist darauf hin. Drucksachen der damaligen I. Kammer Nr. 7. 11, II. Kammer Nr. 38. 77.

ten«), in welcher jene Ausnahme des § 24 ausgedrückt war, und passt insbesondere gut gerade zu dem in § 21 ff. mittelbar enthaltenen Schutze der Einzelkopie desselben Verfahrens, welche eben den Schutz obiger Uebertragungen schon in sich schloss. — Mit diesem Verbote der rein mechanischen Uebertragung will das Gesetz meiner Ansicht nach nur die jeder selbständigen künstlerischen Thätigkeit baare Vervielfältigung verbieten, also nicht z. B. Stichkopieen von Bildsäulen, weil die Herstellung der an sich danach mechanisch operirenden Platte eine entschieden selbständige und relativ hohe Kunstthätigkeit erfordert. Denn man schützt ja heute noch, wie fast in allen deutschen Staaten, so besonders in § 29 des preuss. Gesetzes v. 11. Juni 1837, dergleichen Nachbildungen durch Stich, Schnitt u. s. w., ja sogar durch Farbendruck und Abguss — wo sie demselben Zweige (Gebiete) der Kunst, wie das Vorbild, angehören; wie viel mehr künstlerisch selbständig und schutzberechtigt muss dann solche Nachbildung in einem andern Kunstzweige sein[99]). Dem entspricht auch, dass die rein mechanischen »täuschend nachahmenden« Papier-Abdrücke von Reliefs durch die Collas'sche Kopiermaschine bekanntlich das Gesetz von 1854 veranlassten. Dafür zeugt ferner der Ausdruck »rein mechanisch.« Wächter[100])

---

99) Es ist hervorzuheben, dass Goltdammer, — welcher entgegengesetzt dem obigen Texte unter das Verbot von 1854 auch die Stahlstiche u. s. w. begreifen will, gleichviel, ob dergl. Nachbildungen eine künstlerische Thätigkeit vorbereiten muss, oder nicht, — nicht hierbei den obigen Widerspruch berücksichtigt, während er einen ähnlichen doch kurz zuvor in der Stellung des § 24 gegenüber den Einzelkopieen so lebhaft betont, a. a. O. S. 13. 14. 27. 37. Daher verwirft G. den Unterschied von mechanisch und rein mechanisch, beruft sich auf § 2 des sächs. Gesetzes v. 22. Februar 1844 und betont nur die „Schaffung der Existenz einer Vielheit.“ — Auf die Collas'sche Kopiermaschine und die Folgerung daraus verweist auch Schnaase in seinem ob. N. 71 genannten, von mir leider nicht benutzten Aufsatze, wie ich aus der kurzen Notiz bei Kaiser, Ergänzungsheft S. 63 ersehe.

100) Verlagsrecht S. 513.

sagt, die mechanische Vervielfältigung stellt mittelst äusserer Werkzeuge eine Vielheit von Exemplaren des vorhandenen Werkes her: Harum betont »dieselbe« Vorrichtung und die Gleichheit der hergestellten Exemplare[101]). Beide haben, wie ganz richtig, offenbar nur die Vervielfältigung nach Herstellung der Platte u. a. im Auge, sie sind weit entfernt, die etwa künstlerische Herstellung dieser Platte zu dem mechanischen Verfahren zu zählen[102]), geschweige denn zu dem rein mechanischen. Dass Dies nicht eine leere Verstärkung ist, zeigt z. B. § 29 mit seinem »rein mechanisch« gegen § 21 mit seiner blossen »Vervielfältigung durch Stiche u. a.« im preuss. Gesetze v. 11. Juni 1837. Die Vorberathungen des letzteren Gesetzes lehren, dass man an sich gerade die »rein mechanische Vervielfältigung« dem Verfahren und der Vervielfältigung bei Stichen u. s. w. gegenüberstellte[103]). Und so scheidet auch eben § 2 des sächsischen Gesetzes vom 22. Februar 1844 genau den »rein mechanischen Weg« von der »mit Hilfe einer durch selbständige Kunstfertigkeit hervorgegangenen Abbildung,« obgleich er doch beide dem Nachdrucksverbote aussetzt (s. N. 60 u. S. 65.) Aus diesen Gründen[104])

---

[101]) Ihnen schliesst sich im Wesentlichen das Gutachten des Berliner artist. Sachverst.-Vereins v. 25. Juni 1863 an, Goltdammer a. a. O. S. 39, u. besonders § 26 des Bundes-Entwurfs u. des bayrischen Gesetzes v. 28. Juni 1865.

[102]) S. auch Hitzig, Das preuss. Gesetz v. 11. Juni 1837 etc. S. 84 bei Kaiser, Gesetzgebung S. 61 Nr. 4.

[103]) Vergl. den Bericht bei Goltdammer a. a. O. S. 9. Darauf, dass das „rein mechanisch“ des § 29 lediglich die weiteren Vervielfältigungen eben der Stiche, Schnitte u. s. w. beschränkt, deren künstlerische Platten-Fertigung § 29 just wegen des künstlerischen Elementes schützt, weist schon das Erk. des preuss. Ob.-Trib. v. 24 Februar 1864. Bei Goltdammer ebend. S. 34.

[104]) Gegen dieselben beweist offenbar nicht, dass nun sehr leicht der straffällige Nachbildner seiner Nachbildung eine scheinbar künstlerische, nicht für die Nachbildung nothwendige Thätigkeit vorhergehen lassen und dadurch jede Verfolgung seines Nachdrucks vereiteln kann. (Goltdammer

ist das Verbot der rein mechanischen Uebertragung eines Kunstwerks in einen andern Kunstzweig im § 1 des preussischen Gesetzes vom 20. Februar 1854 nicht auf diejenigen Uebertragungen zu beziehen, welche zur Herstellung des Werkzeugs ihrer Vervielfältigung (Platte, Form, Modell u. s. w.) einer selbständigen künstlerischen Thätigkeit bedürfen. Da nun §§ 11. 12 unten erweisen, dass der Fertigung einer photographischen Glasplatte wahrhaft künstlerische Thätigkeit vorhergeht, welche in unserem Falle hier aus dem übertragenen Kunstwerke ein neues nach den in der Photographie waltenden Normen schafft, so wird auch die photographische Uebertragung eines Skulpturwerkes u. a. nicht nach obigem Gesetze verboten, sondern laut § 24[105]) des preussischen Gesetzes vom 11. Juni 1837 geschützt.

Abgesehen davon, dass hier der Ausdruck »rein mechanisch« in seinem Sinne genau festgestellt werden kann, ist er nicht glücklich gewählt. Es giebt keine »rein« mechanische menschliche Thätigkeit, wie unten § 12 zur Vertheidigung der Original-Photographieen gegen ihren häufigsten Vorwurf näher ausführt, — zumal nicht im Felde der Kunst, selbst nicht der Kunstfertigkeit, des Handwerks. In diesem Sinne vornehmlich nimmt der obige Haupt-Grundsatz des Rechtsschutzes gegen Nachdruck (§ 6) Schutz in Anspruch für alle rechtmässig angefertigten »menschlichen Schöpfungen,« welche u. s. w.; das selbständig-geistige, wenn auch oft sehr begrenzte Schaffen des Künstlers liegt hierin schon ausgedrückt. (s. § 11) Und wollte man die ganze im § 12 gegebene Verfolgung des

a. a. O. S. 15.) Dergl. Umgehungen bieten sich bei vielen Gesetzen. Hier indess würde solche scheinbare künstlerische und mit der mechanischen Vervielfältigung gar nicht in nothwendigem innerem Zusammenhange stehende Thätigkeit nur den mechanisch richtenden Richter von dem Vorgehen gegen dergl. Nachbildungen abhalten.

105) Der an sich fortbesteht. Erk. d. Ob.-Trib. v. 16. Mai 1863. Kaiser a. a. O. S. 63.

künstlerischen Schaffens des Photographen von der blossen Conception der »Idee« ab verwerfen, so würde derselbe doch schon mit seiner jetzt so viel angewandten einfachen oder farbigen Retouche es vereiteln, sein Schaffen als mechanisch zu verurteilen. Wie krass in diesem Punkte die Urteile der Gerichtshöfe in Deutschland auseinander gehen, zeigt der Prozess Piloty & Löhle wider Payne, die sächsischen Gerichte erkennen selbst Lithographieen von Oelgemälden nicht als künstlerische Schöpfungen an, die bayrischen Gerichte unbegrenzt. (Die Würtemberger Gerichte halten sogar Photographieen von einem Stiche bei abweichender Grösse für selbständige Kunstwerke.) Dass das Urteil der sächsischen Gerichte aus dem Gesetze vom 22. Februar 1844 § 2 nicht folgt, ist bereits betont (N. 60 u. S. 65); die sächsische Praxis ist daher zum Theil wenigstens neuerdings zu dem entgegengesetzten Resultate gelangt, selbst Photographieen in Original und Nachbildung fast ausnahmslos als »Kunstwerk« im Sinne jenes Gesetzes, wie überhaupt der deutschen Nachdrucksgesetze anzusehen[106]). Die genaueste Präzisirung im Gesetze hilft gegen Obiges Nichts. So erlaubt gerade die hier behandelte Klasse von Uebertragungen § 18 des österreichischen Entwurfes, »vorausgesetzt, dass diese Darstellung nicht auf blos mechanischem, optischem oder physikalischem Wege, sondern mittelst freier Handnachbildung erfolgt,« und trifft doch nicht vollständig, wie eben gezeigt, die retouchirten photographischen Uebertragungen, gegen welche er gerade gerichtet scheint. Dazu kommt, dass die Nachdrucksgesetze selbst, wie sogleich zu besprechen ist, Klassen wesentlich mechanischer Nachbildung, wie Abgüsse, Farbendruck, fast ausnahmslos in Deutschland gegen Nachdruck schützen. Und könnte denn die Photographie

---

106) So schon Volkmann, Die Werke der Kunst, 1856, bes. § 5. 6. — Commissionsbericht für die Leipziger Kreis-Direktion (Sächs. Wochenblatt für Verwaltung u. s. w. 1863 Nr. 30.)

schutzberechtigte »Kunstwerke« hervorbringen im Sinne des § 28 des neuen Bundesentwurfes und des bayrischen Gesetzes vom 28. Juni 1865, wenn sie nur eine rein mechanische Vervielfältigung im Sinne des § 26 derselben Gesetze böte? Auch in diesen Gesetzen scheidet man bei der Photographie die künstlerische Thätigkeit vor und zur Gestaltung der Glas-Platte und die von dieser Platte dann genommenen mechanischen Abbilder; aehnlich so, wie man in den bisherigen Nachdrucksgesetzen die Vervielfältigungen durch Stiche, Schnitte, Güsse u. a. verbietet und doch dieselben, wenn rechtmässigen, Stiche, Schnitte, Güsse u a. wegen ihres mehr oder weniger grossen künstlerischen Schaffens gegen Nachdruck schützt. (Aber man verbietet sie gegenüber dem Urheber des Vorbildes wegen ihrer fehlenden Rechtmässigkeit, man schützt sie wegen ihres Kunstschaffens, sobald sie jene Rechtmässigkeit nicht verletzen. § 6 a. E.)

Es bleibt unter den gesetzlich rechtmässigen Nachbildungsklassen (§ 7) noch übrig die Ausdehnung des wichtigen § 29 des preussischen Gesetzes vom 11. Juni 1837 auf photographische Nachbildungen, welchem sich wegen seines anerkennenswerthen und 1837 bahnbrechenden ausdrücklichen Schutzes von Nachbildungen in den Hauptpunkten mehrere insbesondere der neuesten Entwürfe oder Gesetze anschliessen. Auf Geschichte und Auslegung desselben ist im § 6 bereits eingegangen. Dass die »rechtmässige Anfertigung« der hier geschützten Nachbildungen auf photographische Nachbildungen ebenfalls ausgedehnt werden kann, zeigt § 8 a. Anf.

Nicht minder ist die besondere Schutzfrist des § 29 (Dauer der Platten u. s. w.) für Photographieen und ihre Glasplatten brauchbar. An sich erscheint diese Frist, zumal praktisch, unhaltbar. Sie ist für Dritte nicht äusserlich zu erkennen, nicht in dem Wesen der Nachbildungen begründet, wenn schon um seinetwillen gesetzt (S. 72). Ganz vereitelt wird die Absicht des Gesetzes bei der Frist aber dadurch, dass man neuerdings die Originalplatte stählt und galvanisirt und so von Tochterplatten Abzüge macht, die im Gesetze geschützte Originalplatte dagegen unversehrt lässt[107]). Daher verwerfen der Entwurf des Börsen-Vereins deutscher Buchhändler § 42[108]), der österreichische Entwurf § 16, der Entwurf der deutschen Kunstgenossenschaft § 3, der Bundes-Entwurf § 27, das bayrische Gesetz vom 28. Juni 1865 § 27 diese singuläre Schutzfrist.

Die im § 29 und in anderen entsprechenden Gesetzesstellen genannten Arten schutzberechtigter Nachbildungen lassen in ihrer meist weiten, nicht ausschliessenden Fassung Raum für die Photographie, welche gemäss obiger Darlegung mit ihnen, z. B. den Stichen, auch innerlich verwandt ist (s. auch § 12). Allein jene Stellen der Gesetze und Entwürfe fassen meist die Arten der Nachbildungen darin zusammen, dass sie deren Darstellung in einem anderen Kunstverfahren, als dem des Vorbildes, fordern. Man fand und findet hierin einen äusserlich leicht erkennbaren Anhalt für das künstlerische Element in den Nachbildungen — abgesehen von der dem Vorbilde näher stehenden Einzelkopie in demselben Verfahren. Soweit ein Gewicht auf der Verschiedenheit als solcher des Verfahrens liegt, steht der Anwendung dieses Momentes auf photographische Nachbildungen Nichts entgegen. Denn in den weitaus meisten Fällen handelt es sich bei diesen um die Nachbildung von Gemälden, Zeichnungen, Stichen u. s. w. Die photographische Nachbildung einer Original-Photographie ferner setzt ja, um in den Schutz

---

[107]) Das preuss. Ob.-Trib. hat in diesem Falle die Dauer der Originalplatte als maassgebend anerkannt, selbst nach Vernichtung der Tochterplatten. Erk. v. 13. Mai 1857 (J.-M.-Bl. 1857 S. 294). — Auch Kaiser, Gesetzgebung etc. S. 60 Nr. 2 b.

[108]) Vergl. die Motive seines Vorentwurfs v. Juli 1857 § 47 S. 134 ff.

dieser Gesetze zu treten, bereits den Schutz der Original-Photographieen selbst voraus; haben wir ihn erst, so werden die photographischen Nachbildungen um so zweifelloser geschützt sein. Nun bleibt noch die Anwendung des »Kunstverfahrens.« Dieses bezeichnet indess nur allgemein »die Form der sinnlichen Erscheinung eines Kunstwerks[109]).« Dahin gehören die in §§ 21. 22 genannten und auf »ähnliche« ausgedehnten Verfahren der Stiche, Schnitte, Drucke, Formen, Güsse u. s. w., welche der § 27 ebend. in den Worten »mittelst irgend eines Kunstverfahrens« umfasst, und deren weitere Vervielfältigungen (nach künstlerischer Herstellung der Platte u. a.) § 29 als »rein mechanische« eben beschränkt. Daher begreift das »andere Kunstverfahren« auch alle die unmittelbar dahinter genannten Herstellungsarten in sich: »z. B. durch Kupferstich, Stahlstich, Holzschnitt u. s. w. (§ 21), oder durch Abgüsse, Abformungen u. s. w. (§ 22);« man darf nicht blos die ersteren bis »§ 21« darunter stellen[110]). Und da die alles künstlerischen Elementes, ja selbst aller künstlerischen Technik entblössten Abgüsse im Felde der Skulptur, wie zum Theil die Farbendrücke im Gebiete der Malerei darunter stehen, soll das Wort »Kunstverfahren« offenbar nicht ausdrücklich rücksichtigen auf die etwa der Vervielfältigung vorhergehende künstlerische und oft dem Verfahren des Vorbildes analoge (nicht »andere«) Thätigkeit, sondern auf diese Vervielfältigung und die in ihr hervortretende Erscheinungsform des Werkes. Demgemäss sondert § 29 auch die Stahlstiche von den Kupferstichen u. s. f. als besondere

---

109) S. hierbei und Betreffs des Folgenden das Erk. d. preuss. Ob.-Trib. v. 24. Februar 1864 und Goltdammer a. a. O. S. 15. 34.

110) Dies war in dem v. kön. Ob.-Trib. in obigem Erk. entschiedenen Prozesse wiederholt geschehen, besonders in dem Gutachten des artist. Sachverst.-Vereins v. 14. Oktober 1862 u. 25. Juni 1863. Goltdammer, S. 37 ff. a. a. O. Letzterer weist auch aus der Geschichte des § 29 das Irrige dieser Scheidung nach. S. 15. 16. 20. 31.

Arten von Verfahren, während sie doch erst nach Herstellung ihrer Platte, Form u. s. w. in dieser, in deren Material u. a. und so auch in deren Abzügen auseinander gehen, nicht in der Herstellung der Platte selbst. Davon bleibt natürlich unberührt, dass eben die Vorbereitung der »anderen« Herstellung präsumtiv eine künstlerische, und um des willen überhaupt das Urheberrecht an den Nachbildungen dieser Art in § 29 und sonst gesetzlich anerkannt wird. Hier handelt es sich lediglich um die Erklärung der Worte »anderes Kunstverfahren« als solche. Der Ausdruck »Kunstverfahren« ist hier also im Sinne des würtembergischen Gesetzes v. 17. Oktober 1838 Art. I. gefasst, welcher von einer »Vervielfältigung durch mechanische Kunst« spricht[111]). Dieser Nachweis gilt nicht weniger für die übrigen deutschen Nachdrucksgesetze, welche auf das »andere Kunstverfahren« der Nachbildungen den hier ausgesprochenen Werth legen und zum Theil sogar dieselben Beispiele der Stiche, Abgüsse u. s. w. den Worten beifügen, z. B für den österreich. Entwurf § 16, für den Bundes-Entwurf § 27 und das bayrische Gesetz v. 28. Juni 1865 § 27.

Hiernach sind offenbar unter den aufgezählten Nachbildungen des »anderen Kunstverfahrens« auch die photographischen Nachbildungen einbegriffen, die Vergleichungspunkte liegen auf der Hand. Soweit es hier auf das künstlerische Element ankommt, ist § 12 dieser Abhandlung heranzuziehen. Mit Recht erkennen selbst die Gegner des Schutzes der Photographieen an, dass sie den Schutz aller rechtmässigen Nachbildungen des »anderen Verfahrens« im § 29 des preussischen Gesetzes gleichmässig mitgeniessen können, dass sie einen »weit höheren Grad von wissenschaftlicher und künstlerischer Bildung, als die Anfertigung einer unbedeutenden

---

111) Hierdurch rechtfertigt sich zum Theil das oben N. 84 erwähnte Erk. über das selbständige künstlerische Element photographischer Nachbildungen. S. auch Wächter, Recht des Künstlers S. 12 ff.

Lithographie« in vielen Fällen erfordern[112]). Noch häufiger gesteht man den photographischen Nachbildungen wenigstens eine höhere oder gleiche Stufe in diesem Punkte zu, als den Abformungen, den Abgüssen in der Skulptur, dem Farbendrucke in der Malerei[113]).

Im Anschluss hieran folgt, dass das Kriterium des »anderen Kunstverfahrens« trügerisch[114]). Selbst wenn man die der mechanischen Vervielfältigung vorhergehende künstlerische Thätigkeit zum Zwecke der Herstellung der Platte u. a. mit in Betracht zieht, um derentwillen vornehmlich die Gesetze die rechtmässigen Nachbildungen schützen, lässt sich doch unter den Arten dieser Nachbildungen nicht eine so enge Grenze ziehen, dass überall, wo die nachgebildeten Vervielfältigungs-Exemplare in einer anderen Form, als der des Vorbildes, zur Erscheinung gelangen, ihnen zu dieser Uebertragung wirklich künstlerische Thätigkeit vorhergegangen sein muss. Die Gesetze umfassen ausdrücklich oder stillschweigend mit dem »anderen Kunstverfahren« auch den Farbendruck, Abformun-

---

112) S. das Gutachten des litterar. Sachverst.-Vereins in Berlin v. 28. November 1859 bei Heydemann-Dambach preuss. Nachdrucksgesetzgebung S. 254—259. — Auch ein Gutachten ohne Datum des artist. Sachverst.-Vereins in Preussen (bei Kaiser, Gesetzgebung S. 57 Nr. 4), sagt Original-Photographien seien keine schutzberechtigten Kunstwerke, dagegen als rechtmässige Nachbildungen des § 29 des Gesetzes v. 11. Juni 1837 verdienten sie den Schutz „als reproduzirendes Hilfsmittel auf gleicher Linie mit dem Kupferstich, der Lithographie, dem Holzschnitt u. a. technischen Vervielfältigungsarten.“ — Vergl. unten § 10 dieser Abh.

113) S. u. a. das Erk. des preuss. Ob.-Trib. v. 13 Mai 1857 nebst dem Gutachten des artist. Sachverst.-Vereins dazu: „Es sind Mittel, welche der Wiederholung plastischer Werke durch Abformung, Abguss und namentlich durch Galvanoplastik völlig parallel stehen.“ — Harum, österreich. Pressgesetzgebung S. 100. — Goltdammer a. a. O. S. 36 Nr. XI. — S. 85 ff. über das „rein mechanisch.“ — Desgl. § 26 des Bundesentwurfs u. des bayrischen Gesetzes v. 28. Juni 1865.

114) Schon v. Gerber, Deutsch. Priv.-R. 8. Aufl. S. 566. N. ist dieser Ansicht.

gen, Abgüsse. Diese, insbesondere die zwei letzteren, werden aber »ohne Vermittlung selbständiger Kunstthätigkeit durch das mechanische Verfahren des Abformens und Abgiessens erzeugt[115]). Viel sicherer, wenn schon nicht völlig sicher, ist dagegen das Merkmal der Uebertragung in eine andere Kunstgattung, z. B. einer Zeichnung in die Plastik (s. S. 84), weil hier die in jeder Kunstgattung verschiedenen Gesetze die künstlerische Thätigkeit bei der Uebertragung mitbedingen. Auf der anderen Seite kann und will man in vielen Gesetzen mit der Bildung der Klasse des »anderen Verfahrens« gar nicht den Schutz der ebenfalls künstlerischen Einzelkopie »desselben Verfahrens« verwerfen. Aus diesen Gründen[116]) ist es für die Abfassung der Gesetze am geeignetsten, lediglich die Nachbildungen der Kunstwerke ohne deren Klassifizirung als geschützt zu erklären, und es hier, wie bei den Originalen, der Entscheidung des einzelnen Falles zu überlassen, ob sie »menschliche [also nicht mechanisch-aussermenschliche] Schöpfungen sind, welche im Felde der bildenden Künste das Schöne darzustellen streben.« (s. §§ 6 u. 11). Die rechtmässigen derartigen Nachbildungen vertritt dann ihr Urheber, die unrechtmässigen zum Theil der Urheber ihres Vorbildes (s. S. 65 u.) So lässt § 3 des Entwurfs der Deutschen Kunstgenossenschaft das Kriterium des »anderen Kunstverfahrens« fort, die neuesten und wichtigsten Entwürfe und Gesetze behalten es, wie gezeigt, leider noch bei. §§ 26. 27 des Bundes-

---

115) Vergl. die nähere Ausführung in dem Gutachten des Berliner artist. Sachverst.-Vereins v. 25. Juni 1863, abgedruckt bei Goltdammer a. a. O. S. 38—41. S. auch das Gutachten bei Kaiser, Gesetzgebung S. 57.

116) Nicht, weil der rechtmässige Nachbildner „ein gewisses Maass von Mühe und Kosten aufgewendet hat, wofür er den Lohn aus dem Verkaufe seiner Exemplare erwartet," womit Kühns, Gesetzentwurf S. 22 den Schutz jeder Nachbildung begründen will, während er sonst doch den Schutz des Urheberrechts an sich auf die künstlerische Thätigkeit zurückführt (S. jedoch Nr. 63. 66.)

Entwurfs und des bayrischen Gesetzes vom 28. Juni 1865 sondern von dergleichen Nachbildungen die Einzelkopie noch wegen besonderer, ihrer Gestattung beigefügten Bedingungen, und verlangen für den Schutz der Nachbildungen des »anderen Verfahrens« noch ausdrücklich, dass sie als Werke der Kunst zu betrachten seien. Dies ist selbstverständlich, daher überflüssig (s. § 6), in seiner Wortfassung aber praktisch unhaltbar (s. § 11). So rechtfertigt sich allmählich wieder die Haltung der weniger ausführlichen deutschen Nachdrucksgesetze, nur ist es nöthig, die Nachbildungen, gesondert von den Originalen, ausdrücklich als geschützt zu erklären, damit den extremen Abweichungen der Gerichtspraxis in den einzelnen Staaten von einander, und von den Hauptforderungen der Kunst und des Kunsthandels, wie sie in dem Prozesse Piloty & Löhle contra Payne besonders krass hervortraten, künftig vorgebeugt werde.

Noch eine andere Folgerung ist aus obigen Sätzen zu ziehen. Bisher verwiesen alle Punkte dieses Paragraphen, in denen es sich um Ausdehnung der rechtmässigen Nachbildungsklassen auf photographische Nachbildungen handelte, stets zuletzt auf den Beweis der §§ 11. 12, dass auch das Schaffen des Photographen künstlerisch sei. Allein die Gesetze, welche rechtmässige Nachbildungen eines »anderen Kunstverfahrens« schützen, begreifen darunter ausdrücklich oder stillschweigend die gemäss Obigem jeder, auch der vor und zur Herstellung der Platte, Form u. a. nothwendigen künstlerischen Thätigkeit baaren Farbendrücke, Abformungen und Abgüsse, obgleich die Gesetze hier — doch auch nur hier — dem von ihnen oder ihren Motiven (s. S. 70 u. a.) ausgesprochenen Grunde des Urheber-Schutzes widersprechen[117]). Sie führen dabei diese Klassen nicht strenge als Ausnahmen, sondern als

[117]) S. v. Gerber, Deutsch. Priv.-Recht. 8. Aufl. S. 563 i. d. N.

vollberechtigte Arten der Nachbildungen des anderen Kunstverfahrens auf und öffnen sie für die Einreihung gleicher Arten durch »und ähnliche,« oder »u. s. w.« Daher schützen sie mit dem nämlichen Schutze auch die photographischen Nachbildungen, ohne dass es bei diesen eines Beweises ihrer künstlerischen Schöpfung vor, bei oder nach Herstellung der Glasplatte bedarf.

Demgemäss erwarben die photographischen Nachbildungen, wie vorn und in §§ 13. 14 die Beläge zeigen, sich bereits die Anerkennung, dass der Urheberschutz der deutschen Nachdrucksgesetze auf sie Anwendung findet, in der deutschen Sachverständigen- und Gerichts-Praxis von Preussen, Bayern, Braunschweig, Sachsen-Weimar-Eisenach, theilweise auch in Würtemberg, die Rechtswissenschaft neigt ihnen in diesem Punkte immer mehr zu und neue Entwürfe und Gesetze stellen dieses Recht fest. § 3 des Entwurfs der deutschen Kunstgenossenschaft von 1864 sagt:

> Wer ein Werk der bildenden Künste rechtmässig nachbildet, z. B. durch Kupferstich, Holzschnitt, Lithographie, Photographie, Abformen oder Abgiessen u. s. w., erwirbt an dieser Nachbildung das Recht eines Urhebers.

Und § 28 des Bundes-Entwurfs von 1864 und des bayrischen Gesetzes vom 28. Juni 1865 bestimmt, nachdem in §§ 26 und 27 das Urheberrecht an Originalkunstwerken, Einzelkopieen und Nachbildungen des »anderen Kunstverfahrens« anerkannt worden sind:

> Die Verbote der §§ 26 und 27 finden auch Anwendung, wenn das zu schützende Werk durch Photographie oder ähnliche Mittel hergestellt wurde, vorausgesetzt, dass dasselbe als Werk der Kunst zu betrachten ist. —

V.

Die Rechtsverhältnisse der kunstähnlichen Werke wissenschaftlichen Charakters.

§ 9. Bestimmungen der Nachdrucksgesetze und Gesetzentwürfe.

Eine Zahl von Werken, welche äusserlich noch mit den Mitteln der Malerei, Linien und Farben, geschaffen sind, aber nicht Gegenstände der Kunst, sondern der Wissenschaft, der Industrie u. a. darstellen, reihen die deutschen Nachdrucksgesetze den literarischen Schutzobjekten an und zwar eben wegen dieser Verwandtschaft schon seit langer Zeit. Dahin gehören vornehmlich geographische, topographische, naturwissenschaftliche, architektonische und ähnliche Zeichnungen und Abbildungen. Sie dürfen unrechtmässig (s. §§ 6. 8.) weder ganz noch theilweise [mechanisch] vervielfältigt werden.

Das bayrische Gesetz vom 28. Juni 1865 wird unten mit dem Bundesentwurfe zusammen behandelt.

Für Braunschweig enthält Dies § 1 des Gesetzes vom 10. Februar 1842.

Das Gesetz für Hessen-Darmstadt schon vom 23. September 1830 charakterisirt die Objekte so: Landkarten, topographische oder andere Zeichnungen, deren Werth weniger oder gar nicht in der künstlerischen Ausführung, sondern darin besteht, zur Versinnlichung gewisser Gegenstände zu dienen, um dadurch wissenschaftliche Zwecke zu befördern (A. 1).

Sehr ähnlich sagt dies § 4 a, b des österreichischen Gesetzes vom 19. Oktober 1846, § 18 des preussischen Gesetzes vom 11. Juni 1837, welchem sich § 18 des Gesetzes vom 11. Januar 1839 für Sachsen-Weimar-Eisenach wörtlich anschliesst.

In Sachsen dehnte schon das Mandat vom 17. Mai 1831 die Nachdrucksvorschriften über Schriftwerke auf obige Objekte aus „und deren Vervielfältigungen durch Druck Kupferstich, Formschnitt, Steinschrift oder durch eine andere ähnliche Kunst.“ Keine spezielle Bestimmung hierüber enthält das Gesetz vom 22. Februar 1844.

In Sachsen-Coburg-Gotha verbietet bereits die Verordnung vom 18. September 1828 § 1 bei diesen Gegenständen den Nachdruck, Nachstich, Verkauf in Buchdruckereien, Formschneidereien, lithographischen oder anderen ähnlichen Anstalten unter obigen Bedingungen.

Ebenso in Sachsen-Meiningen-Hildburghausen die Verordnung vom 7. Mai 1829 A. 1 u. a. für „die aus besonderem Material gefertigten Landkarten“ u. s. w.

Der Entwurf des Börsenvereins der deutschen Buchhändler vom December 1857 enthält die einschlägige Vorschrift in § 35.

Der neue Bundesgesetzentwurf von 1864 und das bayrische Gesetz vom 28. Juni 1865 dehnen in ihrem § 36 nicht den Schutz der litterarischen, sondern der künstlerischen Schöpfungen auf obige Gegenstände aus und stellen demgemäss die Vorschrift auch nicht zu dem Schrift-Schutze, sondern in den Abschnitt von dem Schutze der Kunstwerke. Trotzdem fügen sie ebendort den Gegenständen die Worte bei: „wenn sie auch nicht als Werke der Kunst zu betrachten sind.“ Dieser Satz und der unbezweifelt wissenschaftliche Charakter derartiger Werke lassen jene Stellung des § 36 als unrichtig erscheinen, ebenso wie die Ausdehnung des Schutzes der Kunstwerke auf dergl. Gegenstände. Uebrigens zitirt der § 36 unter den auf ihn anzuwendenden Schutzbestimmungen auch diejenige des § 28 vom Schutze der photographischen Originale und Nachbildungen. (s. § 8 und § 13. 14 dieser Abh.)

§ 10. Erörterung dieser Bestimmungen.

Die hier behandelten Abbildungen haben wesentlich zum Zwecke, so klar, scharf, getreu, als möglich die einschlägigen Gegenstände, Vorgänge der Natur u. s. w. darzustellen. Das „Wahre“ in der Wissenschaft, der Industrie u. a. gegenüber dem „Schönen“ im Gebiete der Kunst, ist ihr Ziel, „Versinnlichung“ der darzustellenden Objekte fordern die Gesetze ausdrücklich von ihnen (s. § 9), oder sprechen es als Kern dieser Vorschrift in ihren Motiven aus, z. B. das preussische Gesetz vom 11. Juni 1837 in den Motiven seines Vorentwurfes im Staatsministerium[118]). Das geistig-selbständige Element, welches den Grund ihres Schutzes ausmacht, besteht wesentlich darin, dass der Darsteller sich Wesen und Zweck des darzustellenden Objektes klar mache, sich dem entsprechend eine Idee von der zu schaffenden Abbildung erzeuge, dieser Idee gemäss Standpunkt, Beleuchtung, Gruppirung u. s. w. für sich, den Abbildner, wie für das Objekt wähle; danach kopiert er die Abbildung selbst völlig naturgetreu, und an der bereits fertigen

[118]) Hitzig, Das preuss. Gesetz v. 11. Juni 1837, histor.-dogmat. Commentar S. 77 ff. — Heydemann-Dambach, Preuss. Nachdrucksgesetzgebung etc. S. 255. - Goltdammer a. a. O. S. 3.

Schöpfung hilft er etwa hier und da mit einer Linie, einer Farbe, einem aufgesetzten Lichte oder Schatten u. a. nach. Die Hauptsache, das geistig-Selbständige, liegt in ersterer Thätigkeit; denn die daran sich schliessende Arbeit ist unselbständig, lediglich eine mechanische Nachbildung. Wenn, wie § 11 zeigt, schon bei dem künstlerischen Schaffen die Ausführung, Darstellung der künstlerisch selbständigen Idee Nebensache wird und an sich nicht den gesetzlichen Schutz gegen Nachdruck begründet, so gilt dies hier noch viel mehr, weil die Nachbildung hier den darzustellenden Vorgang, Gegenstand versinnlichen, bis auf jeden Zoll, jede Linie naturgetreu nachbilden soll; je weniger der Darsteller aus sich dazu thut, desto vollkommener wird seine Darstellung, Objektivität ist das grösste Lob für ihn. Und dass hinsichts der geistig-selbständigen Idee über den nicht frei zu wählenden und zu gestaltenden, sondern fest gegebenen und zu kopierenden Gegenstand man hier nicht einen besonders hohen Maassstab anlegen darf, zeigen die Objekte, welche vieljährige Praxis der Gerichte und litterarischen Sachverständigen-Vereine mit dem gesetzlichen Schutze der Schriftwerke deckt und auszeichnet. Darunter befinden sich Geschäfts-Annoncen, Formulare, Wohnungsanzeiger, Quartierlisten[119]). Derselbe Maassstab gilt auch für die „wissenschaftlichen" Abbildungen u. s. w. Dem entsprechen die unter letzteren wirklich vom Gerichte und Sachverständigen geschützten Abbildungen, Zeichnungen[120]). Man glaubte sie stets schützen zu müssen, „wenn sich in ihnen eine geistige Thätigkeit manifestirte[121])." Uebereinstimmend damit weist O. Wächter darauf hin, dass solche Zeichnungen wesentlich äussere Gegenstände abbilden, und fordert zur Be-

119) Heydemann-Dambach, Die preuss. Nachdrucksgesetzgebung etc. S. 103. 109. 118. 208. 285 ff. — S. unten § 11.

120) Heydemann-Dambach ebend. S. 464 ff.

121) Heydemann-Dambach ebend. S. 246 ff. 254 ff S. XIX XX.

gründung ihres gesetzlichen Schutzes gegen Nachdruck, dass die Ausprägung der sinnlichen Gestalt bei ihnen stets durch eine Vorstellung im Geiste des Autors vermittelt erscheine[122]). Das ist die auf S. 99 erwähnte Idee des Objektes im Darsteller.

Hier liegt die Anwendung auf dergleichen wissenschaftliche Photographieen näher, als im Gebiete der Kunst. Objektive Wiedergabe, klare, scharfe, naturgetreue, in Licht und Schatten gut gesonderte Abbildung zeichnet sie aus, dazu ist sie befähigt, Vorgänge in der Natur von momentaner Existenz aus dem Felde der Meteorologie, der Muskelbewegungen, der Zellenthätigkeit, von blendender Lichtwirkung aus dem Gebiete der Planetenerscheinungen, des Fixsternhimmels u. v. a. wiederzugeben, wie keine andere Art der Nachbildungen. Was man der Photographie im Felde der Kunst, wenn auch mit Unrecht, zum Vorwurfe macht, gereicht ihr hier zur Auszeichnung. Das Sichbekanntmachen mit dem darzustellenden Objekte, die Conception der Idee von der zu fertigenden Darstellung, die Herrschaft dieser Idee über Auswahl, Stellung, Gruppirung, Beleuchtung des abzubildenden Vorganges oder Gegenstandes findet sich beim Photographen nicht weniger, als bei den sonstigen Darstellern, ja, bei ihm wird die geistige Vermittlung um so sichrer vorhanden sein, als die Objekte der meisten photographischen Darsteller nicht wissenschaftliche sind, und zu letzteren sich nur die geistig besonders hervorragenden, mit den wissenschaftlichen Gegenständen der Darstellung besonders vertrauten Photographen hingezogen fühlen. Hieraus, und aus §§ 11. 12 ergiebt sich, dass der Photograph bei diesen Darstellungen geistig selbständig operirt, dass er nur in dem Akte des Abbildens sich von dem Verfahren der übrigen Darsteller unterscheidet, d. h. in einem Nebentheile der hier geschützten Thätigkeit, zumal das Abbilden

122) O. Wächter, Verlagsrecht S. 116. 137. Volkmann, W. d. Kunst. S. 6.

hier streng objektiv vollzogen werden soll. Die photographische Abbildung erfüllt laut Obigem besser, als Stiche und Schnitte, den Zweck derartiger Gemälde. Die dabei hilfreiche, gewiss selbständig operirende farbige oder farblose Retouche vollendet das Ganze.

Dem entsprechend hat der preussische artistische Sachverständigen-Verein in seinem Gutachten vom 9. September 1859 die Frage über den Rechtsschutz photographischer Ansichten von Berliner Gebäuden an den dortigen litterarischen Sachverständigen-Verein gewiesen, weil „§ 18 des preussischen Gesetzes vom 11. Juni 1837 eine Handhabe für den Schutz der Photographieen im Allgemeinen biete.“ Obgleich diese Darstellungen zweifellos unter die Kategorie der Kunstwerke etc. in § 21 ff. desselben Gesetzes gehören, unterzog sich letzterer Verein doch der Begutachtung. Auch er erkennt an, dass eine photographische Darstellung, sei es eine wissenschaftliche oder künstlerische, „den gesetzlichen Schutz gegen mechanische Nachbildung in Anspruch zu nehmen berechtigt sein kann.“ Dies treffe zu bei der rechtmässigen photographischen Nachbildung eines schutzberechtigten Originalkunstwerks (s. § 8 a. E.), ferner „etwa bei einer Sammlung photographischer Abbildungen von Architekturen“ (also bei Original-Photographieen, s. § 13. 14, die indess hier als Theil eines wissenschaftlichen Werkes schutzberechtigt sind), „sei es als Beigabe zu einer Schrift, sei es sonst im Sinne des § 18 des Gesetzes, welche (Sammlung) als Ganzes den Schutz gegen Nachdruck in Anspruch nehmen darf.“ Der Sachverständigen-Verein räumt sogar eine analoge Ausdehnung des gesetzlichen Schutzes allgemein auf Photographieen dahin ein, „dass selbst einzelne photographisch aufgenommene Abbildungen bekannter und zugänglicher Gegenstände gegen die mechanische Nachbildung auf lithographischem Wege zu schützen seien, weil ja jeder Photographie nothwendig eine gewisse geistige Thätigkeit, wenn auch nicht eine Kunstthätigkeit im höheren Sinne zu Grunde liege, und weil es hart sein würde, nicht die Photographieen, wohl aber manche weit geringere Produkte des Buch- und Kunsthandels zu schützen.“ Allein der Grund alles Rechtsschutzes gegen Nachdruck sei die in der Autorschaft liegende künstlerische Thätigkeit, und diese fehle der Photographie im Allgemeinen. Sie sei ein oft mit einiger, selbst die der unbedeutenden Lithographieen und alltäglich verbreiteten Bücher übertreffender, geistiger Thätigkeit, Erfahrung, Kunstgeschmack betriebenes Handwerk, das nicht in die Sphäre der Kunstübung sich erhebe, weil es das photographische Bild auf rein mechanischem Wege hervorbringe. Daher sei der Rechtsschutz vielleicht einmal über die Grenzen der wissenschaftlichen und künstlerischen Werke hin auszudehnen auf einzelne Gebiete der Fabrikation und des Handwerks, z. B. auf Muster für bedruckte Waaren, auf Formen und Stempel der Stempelschneiderei, und so auch auf die Photographie; so lange dies gesetzlich nicht geschehe, bleibe der Photographie im Allgemeinen der Rechtsschutz wegen seines bei ihr fehlenden Rechtsgrundes versagt. Aus diesem Grunde, und weil bei dem zur Begutachtung vorliegenden Falle die Jedem zur Abzeichnung u. s. w. frei gebotenen Gebäude Berlins Objekte der photographischen Darstellung seien, blieben die letzteren schutzlos gegen Nachbildung[123]).

Der zum Schlusse erwähnte Nebengrund ist gemäss der Darlegung oben in § 8 nicht stichhaltig; denn zwar die Gebäude Berlins, nicht aber die bestimmte, gefertigte Abbildung derselben, sind nachbildungsfreies Gemeingut, und eben die

123) Heydemann-Dambach, Preuss. Nachdrucksgesetzgebung mit Gutachten des literar. Sachverst.-Vereins S. 254—259. Gutachten vom 28. November 1859. Die Staatsanwaltschaft hat sich diesem Gutachten angeschlossen und vom weiteren Verfahren Abstand genommen. — S. bereits oben § 8 a. E.

photographischen Abbildungen derselben sind hier nachgebildet. Betreffs der obigen Hauptgründe verweise ich lediglich auf die voraufgegangene Ausführung, welche in §§ 11. 12 ihre noch eingehendere Begründung findet. Bei den wissenschaftlichen Photographieen gerade operirt der Photograph mit selbständiger geistiger Thätigkeit[124]), und zwar in dem Hauptth eile der hierbei überhaupt zu entfaltenden Thätigkeit. Er steht hierin auf gleicher Stufe mit dem Lithographen u. s. w. — Wie das obige und andere Gutachten[125]) anerkennen, kommen unter den Lithographieen und sonstigen Arten dieser wissenschaftlichen Darstellungen ebenfalls Abbildungen vor, welche wegen fehlender geistig-selbständiger Thätigkeit des Darstellers nicht schutzberechtigt nach § 18 u. s. sind. Und doch nennt das Gesetz Lithographieen allgemein als eine der schutzberechtigten Klassen, und das obige Gutachten erkennt selbst die absichtlich weite, nicht scharf begrenzte Fassung des § 18 a. a. O. an[126]). Hieraus und aus §§ 11. 12 ergiebt sich, dass man mit Unrecht der Photographie allgemein den Titel eines Handwerks beilegt. In ihrem Wesen

---

124) Nicht mit künstlerischer, welche das obige Gutachten unrichtig auch für die wissenschaftlichen, also nicht künstlerischen Abbilder fordert. a. a O. S. 257 ob. Die Uebereinstimmung der Kunstwerke mit diesen Abbildungen liegt darin, dass sie beide mit denselben Mitteln derselben Kunst, mit Linien und Farben, darstellen. Sie unterscheiden sich aber, nicht blos im Zwecke, indem jene das Schöne, diese das Wahre darstellen, jene sich selbst Zweck sind, diese ihren Gegenstand klar versinnlichen wollen, [dies nimmt, aber auch nur dies, das Gutachten an S. 255 und widerspricht damit bereits der von ihm betonten obigen „künstlerischen" Natur dieser Darstellungen (S. 257)]: sie weichen vor Allem ab in der Verschiedenheit der ihnen zu Grunde liegenden Idee, welche dort eine künstlerische, hier die der litterarischen Werke ist. „Freie geistige Thätigkeit" ist nicht dasselbe, wie freie künstlerische, „Art der Herstellung" umfasst mehr, als die technischen Mittel der Herstellung.

125) Z. B. ebendort S. 246 ff.

126) Ebend. S. 255 a. E.

liegt es keineswegs, dass sie von der Kunst-Sphäre oder derjenigen der wissenschaftlichen Darstellungen durchaus, mindestens allgemein ausgeschlossen ist; anderenfalls könnten nicht die in §§ 8 und 14 zusammengestellten wissenschaftlichen, gesetzlichen, praktisch-richterlichen und gutachtlichen Erklärungen den ebenfalls in der Hauptsache auf selbständig-geistiger, resp. künstlerischer Thätigkeit gegründeten Rechtsschutz der rechtmässigen Nachbildungen und Original-Kunstwerke auf Photographieen allgemein anwenden. Irren alle diese Erklärungen auch nach Annahme der Gegner, so resultirt aus den divergirenden Ansichten doch gewiss die Thatsache, dass der definitive Entscheid über die künstlerische oder handwerksmässige Natur der Photographie im Allgemeinen noch nicht zu fällen, sondern nur für jede einzelne photographische Schöpfung abzugeben sei. In diesem Falle aber ist es — zumal für die Klasse der wissenschaftlichen Photographieen — unrichtig, mit obigem Gutachten zu schliessen: also gehöre die Photographie im Allgemeinen nicht unter den Rechtsschutz in § 18, wohl aber könnten einzelne Photographieen darunter fallen. Vielmehr muss man gerade umgekehrt sagen: also schützt § 18 im Allgemeinen die wissenschaftlichen Photographieen; ob die einzelne derselben wegen ihrer vorhandenen oder fehlenden selbständig-geistigen Thätigkeit geschützt ist, oder nicht, ist im einzelnen Falle zu entscheiden. Die Photographie tritt dann eben in eine Reihe mit den anerkannten Darstellungsarten, welche im Allgemeinen schutzberechtigte wissenschaftliche Abbildungen herstellen können. So wird man der Fassung des Gesetzes, dem Wesen dieser wissenschaftlichen Abbildungen und speciell der Photographie, wie dem Handel mit dergleichen Werken gerecht.

Dem entsprechend schützen der neue Bundesentwurf von 1864 und das bayrische Gesetz vom 28. Juni 1865 in ihrem § 36 ohne Ausnahme die oben aufgezählten „und ähnliche“

wissenschaftliche Zeichnungen und Abbildungen, und zwar u. a. auch ausdrücklich mit dem den photographischen Original- und nachgebildeten Kunstwerken im § 28 ertheilten Schutze. Ja, während in § 28 noch die, an sich freilich unhaltbare, Bedingung der Ertheilung des Rechtsschutzes hinzugefügt wird, „vorausgesetzt, dass die Photographie als Werk der Kunst zu betrachten ist," wird entsprechend dem wissenschaftlichen Charakter der hier behandelten Abbildungen im § 36 letztere Bedingung ausdrücklich mit dem Satze beseitigt: „wenn sie auch nicht als Werke der Kunst zu betrachten sind." Bedingungslos also werden hier die wissenschaftlichen Photographieen den übrigen allgemein schutzberechtigten Arten wissenschaftlicher Abbildungen gleich gestellt, und wie bei diesen, entscheidet sich auch bei jenen nur im einzelnen Falle, ob der Rechtsschutz wirklich zu ertheilen ist, oder nicht.

VI.

Die selbständige künstlerische Thätigkeit als Grund des gesetzlichen Urheberrechtes und seines Rechtsschutzes, vornehmlich für Original-Kunstwerke.

§ 11. Allgemein bei Werken der bildenden Künste.

Oben im § 6 wurde der Inhalt der verschiedenen allgemeinen Ausdrücke, mit welchen die deutschen Nachdrucksgesetze (§ 4. 5) die von ihnen zu schützenden artistischen Werke bezeichnen, dahin festgestellt: Es sind

> diejenigen rechtmässig angefertigten menschlichen Schöpfungen, welche in den Zweigen der Malerei und Bildhauerei das Schöne darzustellen streben.

Hier ist der Ort, näher auf diesen Fundamentalsatz für den Rechtsschutz gegen Nachdruck bei Werken der bildenden Künste näher einzugehen. Er enthält einmal den Grund des gesetzlichen Kunst-Urheberrechts und bildet zweitens die Basis für die Anerkennung dieses Grundes im Schaffen des Photographen und für die Ausdehnung des Rechtsschutzes auf die photographischen Erzeugnisse; Beides vornehmlich in Betreff der Original-Kunstwerke und Original-Photographieen.

Das Gebiet der Kunst ist das Reich des Schönen (mit Einschluss seiner Gattungen und Gegensätze, ausgedehnt auf Alles, was aus Wohlgefallen an der Form, gleichviel zu welchem äusseren Zwecke, geschaffen ist); in jedem Kunstwerke wird das Schöne dargestellt innerhalb bestimmter Grenzen; Mittel der Darstellung sind bei der hier maassgeblichen Zeichenkunst und Malerei Linien und Farben. Das Schöne ist ein Ideal, kein Kunstwerk stellt es vollkommen dar, sondern jedes nur mehr oder weniger vollkommen. So heisst es in obiger Definition, das Kunstwerk (oder der Künstler in ihm) strebt das Schöne darzustellen.

Diese Sätze bedürfen näherer Ausführung. Die ideale Natur des Schönen ist der Grund, weshalb die ästhetischen Urteile über ein Kunstwerk, die ästhetischen Forderungen an ein Kunstwerk nach den Zeiten, Orten, der Individualität der Völker und der einzelnen Glieder derselben unter einander abweichen. Allgemeine, stets gültige Gesetze hierüber lassen sich nicht aufstellen. Richter und Sachverständige sind den genannten Einflüssen so, wie jeder Mensch, unterworfen, wenn sie urteilen sollen, ob ein Werk ein Kunstwerk sei, d. h., ob es mit den Mitteln seines Kunstzweiges das Schöne darstelle, ob es „schön sei." Im Gebiete des Nachdrucksrechtes handelt es sich aber nicht um eben jene schwankenden ästhetischen Entscheidungen, sondern um einen möglichst umfassenden und möglichst f e s t e n M a a s s s t a b dafür, ob ein wichtiges vom Gesetze allgemein dargebotenes R e c h t im Staate dem Urheber eines Werkes zu ertheilen oder zu versagen sei; die Allgemeinheit des Maassstabes muss der Allgemeinheit dieser von ihm abhängigen Folge entsprechen.

In dem hier erörterten Punkte liegt ein Hauptmissstand für die richtige und folgefeste Anwendung der Nachdrucksgesetze. Eine eng gefasste Idee hier streng durchführen, hiesse den Willen der Nachdrucksgesetze und die Interessen der Kunst und des Kunsthandels verletzen[127]). Sehen sich doch

---

127) Vergl. G o l t d a m m e r, Stralb. Nachbildung von Kunstwerken S. 21.

selbst gegenüber den literarischen Erzeugnissen, bei denen die Entscheidung über die objektiven Grenzen des Urheberrechtes sich anerkanntermaassen[128]) viel leichter, als bei Werken der Kunst treffen lässt, die Sachverständigen-Vereine zu einem ganz allgemeinen Maassstabe für die Ertheilung des Rechtsschutzes genöthigt. Die schutzberechtigten Schriften dürfen „keineswegs einen eigentlich wissenschaftlichen oder poetischen Werth haben.“ Vielmehr muss jedes Erzeugniss einer individuellen geistigen Thätigkeit, so weit dieser Begriff irgend reicht, geschützt werden. Eine solche Thätigkeit kann sich auch in untergeordneten Sphären auf eine vollkommen selbständige Weise äussern, und sie braucht auch nicht wesentlich in der Produktion eines neuen Stoffes zu bestehen, sondern kann sich ebensowohl in der blossen Formgebung, in der Compilation, Auswahl, Anordnung, Darstellung oder in der Lehrmethode äussern[129]).“ Die „gewissen Kriterien“, welche, „ohne abstrakte Grenzen ziehen zu wollen, trotz der weitesten Auffassung des Begriffes der Wissenschaft“ die literarischen Sachverständigen-Vereine festhalten müssen, begreifen demgemäss in den literarischen Rechtsschutz z. B. Kalender, Reisespiele, Wohnungsanzeiger, Rang- und Quartierlisten, ja Geschäfts-Annoncen und Formulare[130]). Dem entsprechend sagt in umfassendstem Ausdruck das Erk. des preuss. Ob.-Trib. vom 7. November 1861: „Unter den Werken der Wissenschaft und Kunst sind allerdings Geistesprodukte verstanden, aber das Gesetz schützt gegen den Nachdruck literarischer Erzeugnisse jeder Art; auf

---

128) Goltdammer a. a. O. S. 1 u. a. m.

129) Heydemann-Dambach, S. XVI, 412. Und dies Resultat ist aus 111 Gutachten in 25jähriger Praxis des Vereins geschöpft (S. V.)

130) Heydemann-Dambach a. a. O. S XVII, 103. 109. 118. 208. 218. 285. 287. Jolly, l. c., S. 115. Volkmann, Werke der Kunst § 2. 3. Beseler, D. P. R. III. S. 335. Bluntschli, D. P. R. S. 112. Mandry, krit. Vierteljahrsschrift VII. S. 41.

Gattung, Umfang, Darstellungsweise[181]) kommt es nicht an, noch weniger auf den inneren Gehalt der Schrift." Im Felde der Kunstwerke sind oben (§ 6. 8) solche wesentlich äusseren Maassstäbe für den selbständig künstlerischen und deshalb schutzberechtigten Charakter der Nachbildungen von den Gesetzen selbst darin aufgestellt, dass die Nachbildung in einer anderen Kunstgattung, oder nur in einem anderen Kunstverfahren, als das Vorbild, gefertigt ist. Und wie weit gemäss diesem Maassstabe der Rechtsschutz reichen soll, zeigen dieselben Gesetze dadurch, dass sie sogar die mechanisch gefertigten Farbendrücke, Abgüsse und Abformungen danach für schutzberechtigt erklären.

Aber auch allgemein die selbständig künstlerische Thätigkeit schützen die Nachdrucksgesetze nicht als solche, nicht die „freie schöne Idee" selbst, sondern wesentlich den vermögensrechtlichen Werth derselben, den Geldertrag, welchen sie ihrem Urheber durch ihre ausschliessliche Vervielfältigung bringt oder wenigstens bringen kann; daher schützen sie nicht die zu solchem Ertrage nicht bestimmten noch brauchbaren Kunstwerke, daher ferner untersagen sie nie die Verbreitung der „fremden Idee" allgemein und beschränken nirgend die wenn auch nach obigen Grundsätzen unrechtmässige Nachbildung dieser Idee, sobald sie nicht den vermögensrechtlichen Werth letzterer beeinträchtigt. Diese Schranke des gesetzlichen Schutzes rechtfertigt sich dadurch, dass nach der Intention des Künstlers und nach dem Anrechte des Volkes, [der Gesammtheit des Publikums,] an allen Geistesschöpfungen das Volk die in dem Kunstwerke zu Tage tretende Idee in sich aufnehmen und verbreiten soll; so folgt die Vervielfältigung des Kunstwerks durch den Urheber, deren Ertrag für ihn, die

---

181) Hiermit ist die Art der Ausführung, nicht die oben im Text bezeichnete „Idee der Darstellungsart" gemeint.

endliche Freigabe der Vervielfältigung u. s. w. Dem entsprechend fügt § 1 des sächsischen Gesetzes vom 22. Februar 1844 dem Nachdrucksverbote ausdrücklich bei, was die anderen Gesetze stillschweigend vorausgesetzt wissen wollen, das geschützte Kunstwerk müsse zum Gelderwerb benutzt werden können und hierzu, wie aus der gewöhnlichen Anwendung oder den besonderen Umständen erkennbar sein muss, wirklich bestimmt sein[132]). Und in der Gerichtspraxis allgemein muss der Richter darauf an erster Stelle im Nachdrucksprozesse sein Auge richten, ob die vorliegende Nachbildung den Ertrag des Kunstwerks und seiner rechtmässigen Nachbildungen im Verkehre beeinträchtige[133]).

Uebereinstimmend hiermit definirt O. Wächter[134]) nach Widerlegung der Erklärung, welche Jolly[135]) von einem Kunstwerke giebt, den oft wiederkehrenden Ausdruck „artistisches Erzeugniss" in den deutschen Nachdrucksgesetzen (s. § 4) als „eine mit den Mitteln der Kunst dargestellte geistige Hervorbringung, welche in den artistischen Verkehr einzutreten geeignet ist." Er stellt also ebenfalls einen sehr allgemeinen und wesentlich äusserlichen Maassstab für das Kunst-

---

132) Protokoll der Bundes-Commiss. v. 1863 S. 180 ff. bei Mandry a. a. O. S. 17, 20, 21. — Das sächsische Mandat v. 17. Mai 1831 und die Landtags-Verhandlungen über das Gesetz v. 22. Februar 1844 enthalten Bestätigungen über den obigen Maassstab. Vergl. den Bericht der von der königl. Kreis-Direktion zu Leipzig berufenen Commission über die Anwendung des Ges. v. 22. Februar 1844 auf Erzeugnisse der Photographie in Nr. 30 des sächs. Wochenblatts für Verwaltung und Polizei v. 1863 S. 236 und Volkmann a. a. O. S. 20. 27 ff.

133) S. u. a. das Erk. des preuss. Ob.-Trib. v. 23. Juni 1858 bei Goltdammer, Archiv VI S. 691. — Wächter, Verlagsrecht S. 576. — Goltdammer, Strafbare Nachbildung S. 10 ff. u. s. Archiv, VII. 466. — v. Gerber in seinen u. Iherings Jahrbb. III. 370. — Kühns, Rechtsschutz S. 38, Gesetzentwurf S. 24. - s. oben Nr. 87.

134) Verlagsrecht S. 114. 116 ff. R. d. Künstlers S. 22 ob. Dagegen auch Mandry a. a. O. S. 265.

135) Jolly, Lehre vom Nachdruck S. 129 ff.

werk und für die Ertheilung des Rechtsschutzes auf. Diesen Maassstab nimmt er ferner aus dem Verkehre, eben weil im Verkehre der eigentlich mit dem Rechtsschutze bekleidete vermögensrechtliche Ertrag der künstlerischen Idee für den Urheber resp. seine Rechtsnachfolger, oder dessen Beeinträchtigung durch unbefugte Nachbildung sich ausweist. Allein der Entscheid über das Zutreffen dieses Maassstabes im einzelnen Falle kann endgültig nur vom Verkehre selbst sicher gegeben werden, nicht, wie es nothwendig, vom Richter und Sachverständigen. Bei beiden könnte er wieder schwanken je nach ihrem ästhetischen Standpunkte und könnte leicht in krasse Widersprüche mit dem Urteile des Verkehres gerathen. Wächter wiederholt ferner den zu erklärenden Begriff „artistisch“ in seiner Erklärung selbst („artistischer Verkehr).“

Der somit nothwendige äusserliche Maassstab wird hier nicht in dem Sinne befürwortet, als solle er an die Stelle des eigentlichen Grundes des Urheberrechtes und Rechtsschutzes treten. Dieser Grund bleibt unveränderlich die dem Kunstwerke inneliegende selbständig schaffende Thätigkeit des Künstlers, — in mehr oder weniger hohem Grade.

Nicht der Gegenstand an sich nun, welchen der Künstler aus Wohlgefallen an der Form darstellt, bildet in den weitaus meisten Fällen den Inhalt jener selbständig schaffenden Thätigkeit, sondern die Art, wie er den Gegenstand auffasst, ansieht, sich darstellt. (Vom Letzteren zu scheiden ist natürlich die Ausführung dieser Auffassung zur sinnlichen Erscheinung, z. B. in Linien und Farben.) Der Gegenstand, z. B. Christus und die Samariterin, ist allen Künstlern gegeben (in der Natur, in der Geschichte, in Kunstwerken u. a.), er ist gemeinfrei. Diesen Gegenstand fasst der einzelne Künstler aus Wohlgefallen an der Form in ihm eigenthümlicher „schöner Idee“ auf, und bildet sie in sich aus. Diese Idee ist seine eigene Schöpfung und seine Erwerbsquelle im Nachdrucksrechte durch ihre Vervielfältigung. Also die Idee der Darstellungsart (nicht des Darstellungsgegenstandes) ist der gesetzliche Grund des künstlerischen Urheberrechtes und seines Rechtsschutzes. Diese Idee der Darstellungsart ist oben überall gemeint, wo von dem selbständig geistigen, selbständig künstlerischen Schaffen, und von der „freien schönen Idee" u. s. w. als dem Grunde des gesetzlichen Urheberrechtes die Rede war.

Die Idee der Darstellungsart soll selbständig und künstlerisch sein, um ihren Urheber zur ausschliesslichen Vervielfältigung zu berechtigen. Das heisst, diese Darstellungsart soll 1) mehr oder weniger aus der Seele des Künstlers allein entsprungen sein und soll 2) innerhalb ihrer Grenzen das Schöne darstellen. Zunächst erörtern wir die zweite Eigenschaft.

Hier setzt der allgemeine äusserliche Maassstab ein, dessen Natur und Nothwendigkeit eben erörtert ist. Sobald der Künstler die Mittel (z. B. Linien und Farben) seines Kunstzweiges anwandte, um seine Idee der Darstellungsart eines Gegenstandes aus Wohlgefallen an der Form (gleichviel, zu welchen äusseren Zwecken) vor den Sinnen auszudrücken, und so die Idee vollkommen oder unvollkommen zur Erscheinung bringt, genügt er bereits dem zweiten obigen Erfordernisse vor Richtern und Sachverständigen, d. h. er strebt, das Schöne darzustellen. Die ausserordentlich schwankende, daher hier im Rechtsgebiete unanwendbare Entscheidung darüber, ob er wirklich das Schöne darstellt, gewinnt durch diesen Maassstab dahin einen festeren Anhalt, dass, wenn dem Maassstabe genügt ist, man voraussetzt, der Künstler stelle wirklich das Schöne in seinen Grenzen dar.

Stellt er nicht das Schöne dar, so wird er in den meisten Fällen nicht in der Ausübung seines Urheberrechtes im Verkehre durch unbefugte Vervielfältigung beeinträchtigt werden; tritt solche Vervielfältigung aber ein, so zeigt der unrechtmässige Nachbildner dadurch, dass nach seiner Ansicht der Verkehr das in dem Vorbilde enthaltene und von ihm nachgebildete Schöne erkennen, schätzen und kaufen werde. Diese Ansicht des Nachbildners ist natürlich unmaassgeblich, sonst läge in jeder Nachbildung schon der Beweis für den Rechtsschutz des Original-Urhebers und der Grund für die Verurteilung des Nachbildners. Hier fällt dann aber die endgültige Entscheidung über den Kunstwerth selbst der Schöpfungen der Verkehr, und gerade er, nicht exclusiv ästhetische Einzelurteiler, soll sie im Gebiete des Urheber- und Nachdrucksrechtes gemäss obiger Ausführung fällen. Sollten durch diesen Maassstab etwa einmal einige zu abnorme Werke dem Geiste der Gesetze zuwider geschützt werden, so rechtfertigt sich gerade mit Rücksicht auf den Verkehr und die hier maassgebende vermögensrechtliche Seite des künstlerischen Urheberrechtes eher die zu weite, als die zu enge Verleihung des Rechtsschutzes. Die zu enge schlösse viel häufiger an sich berechtigte Fälle aus, als die zu weite dergleichen unberechtigte schützte. Das lehren schon auf S. 109 ff. die Angaben aus der Praxis der literarischen Sachverständigen-Vereine. Und schützt man heute doch trotz der Anwendung eines angeblich viel strengeren Maassstabes Gemälde der auf S. 117 rubrizirten vierten Stufe, von höchst zweifelhaftem Kunstwerthe, Nachbildungen rein mechanischer Art (S. 91. 95), Bilderbogen für Kinder, Zeichnungen auf Tassen, Pfeifen, ja selbst die Belagblätter der Modejournale für Schneiderwerkstätten als Kunstwerke und Aehnliches[136]).

[136]) Jolly, Lehre vom Nachdruck S. 129. 136. — Wächter, Verlagsr. S. 135—143. Dagegen Harum, österr. P. G. S. 108. Für quästio facti v. Gerber, Deutsch. Priv.-R. S. 566. N. — Zu einem ähnlichen Schlusse, wie der obige, scheint Lienbacher gelangt (Der rechtliche Gesichtspunkt hinsichts des Rechtsschutzes der Photographie etc. in der Wiener Zeitung v. 20. 21. Februar 1864, s. Kaiser, Ergänzungsheft S. 43): „Es kommt daher, um diesen Schutz ansprechen zu können, nicht darauf an, dass das zu schützende

Das zweite Erforderniss der obigen Idee der Darstellungsart besteht darin, dass sie **individuell, selbständig** sei, d. h. mehr oder weniger allein aus der Seele des schutzfordernden Künstlers entstanden sei. Auch hier macht der obige allgemeine Maassstab sich geltend. Der Kunstzweig der Zeichnenkunst und Malerei soll hier wegen der Kürze, Deutlichkeit und meisten Verwandtschaft mit der Photographie speciell im Auge behalten werden. Der sachliche Gegenstand des Gemäldes ist hier ganz besonders von der Darstellungsart desselben in dem einzelnen Gemälde, und diese wieder von der Ausführung in Linien und Farben zu scheiden, bisweilen wird sich der Unterschied zwischen ihnen als sehr gering erweisen.

Je nachdem mehr oder weniger die dem einzelnen Gemälde zu Grunde liegende Idee seiner Darstellungsart unabhängig ist von einem individuellen Gegenstande ausserhalb des Künstlers, z. B. in der Natur, in einem anderen Kunst-

Eigenthumsobjekt lediglich und vorzugsweise ein Erzeugniss der persönlichen Subjectivität sei, sondern darauf, dass sich das Erzeugniss, von welchem wenigstens die Erscheinungsform subjectiv vermittelt wurde, in jener Art dargestellt, welche man die literarische oder artistische nennt." Das „artistisch" ist so freilich nicht erklärt, und die Herleitung aus dem artist. „Eigenthum", wo „Eigenthum" der Hauptbegriff, unhaltbar. — Hierbei verstehe ich unter einer „subjectiv vermittelten Erscheinungsform" die oben im Text genannte „Idee der Darstellungsart". Ist dies richtig, so liegt darin die „individuelle Geistesschöpfung" als Grund des Urheberrechts und Rechtsschutzes, welche **Schenk** (Zeitschr. f. d. österreich. Notariat 1864 Nr. 6. 9 über den Rechtsschutz der Photographie) tadelnd bei Lienbacher vermisst. (Mit Schenk stimmt **Kaiser**, Ergänzungsheft S. 44). Versteht **Lienbacher** dagegen unter „subjectiv vermittelte Erscheinungsform" die oben im Texte genannte Ausführung der Idee der Darstellungsart z. B. mit Linien und Farben als Gemälde, so haben **Schenk** a. a. O. und **Harum**, Oesterreich. Pressgesetzgebung S. 100, in der Hauptsache Recht, wenn sie betonen, dass dieses Moment nicht den Grund des Nachdrucksschutzes bildet. Die blosse Ausführung in Linien und Farben ist ein Nebentheil der künstlerischen Thätigkeit, und die blosse Erscheinung eines Werkes in Linien und Farben sagt noch nicht, dass diese geistig, subjectiv vermittelt wurden (s. S. 121 ff.).

werke u. a., kann man für die einzelnen Arten der Malerei vier Stufen unterscheiden, wie folgt:

1) Das Gemälde ist eine völlig freie Composition, die Ausführung einer von individuell bestimmten Gegenständen ausserhalb des Künstlers völlig unabhängigen Idee. Z. B. in einem Heiligen-Bilde, dessen gemeinfreier Gegenstand: Maria, Jesus, Johannes der Täufer, concipirt, bildet in sich aus, zeichnet, gruppirt, kolorirt der Maler die Figuren ohne irgend einen Anhalt an bestimmte wirklich existirende, oder schon von Künstlern gebildete Personen.

2) Das Gemälde ist nicht völlig unabhängig von bestimmten Gegenständen ausserhalb des Künstlers, die Darstellungsart einzelner Theile desselben ist von hier und von dort aus einem Kunstwerke oder aus der Natur unmittelbar entnommen, und so ist aus ganz frei concipirten und entworfenen, und aus entlehnten, in gewissem Sinne kopirten, wenn auch noch theilweise umgeformten und theilweise durchgeistigten Theilen das ganze Gemälde zur Ausführung derselben einheitlichen und zum grössten Theile freien Idee der Darstellungsart entstanden. Z. B. der Maler verwendet bei der Conception und innerlichen Ausbildung seiner Idee des obigen Heiligen-Bildes [Maria, Jesus, Johannes] den Kopf eines Kindes, das er hier, das Gewand einer Frau, das er dort sah u. s. f., indem er dieselben etwa wegen der Einheit des Ganzen ein wenig verändert, z. B. den Augen des Kindes einen zu Jesus oder Johannes in der dargestellten Situation passenden Ausdruck verleiht.

3) Das Gemälde führt nur in Gegenständen, welche völlig, sachlich und in ihrer Darstellungsart aus der Natur oder sonst entnommen, wenn auch etwa durchgeistigt sind, also in diesen Grenzen abhängig und unfrei, dieselbe einheitliche, und nur in ihrem Ganzen noch selbständig-individuelle Idee der Darstellungsart aus, z. B. der Maler

fasst und gestaltet in sich die Idee der Darstellungsart von obigem Heiligen-Bilde Maria, Jesus, Johannes, in ihrer geistigen Beziehung und selbst noch in ihrer körperlichen Stellung zu einander völlig oder zum递theile wenigstens aus seiner Seele ohne äusseren Anhalt, alle die einzelnen Personen, Gewänder, Geräthe, selbst theilweise etwa Stellung, Geberde, Ausdruck kopirt er unselbständig von einer Gruppe oder einzelnen Personen, die er hier oder dort auf einem Bilde, einem plastischen Werke, in der Natur u. a. sah.

4) Das Gemälde führt nur bestimmte, zusammengehörige oder einzelne Gegenstände aus Menschenwerken oder aus der Natur, etwa in abgerundeter Gestaltung, Gruppirung, Drapirung, doch stets von möglichst treuer Wiedergabe vor, ohne dass eine dem Maler eigene, in sich freie Idee der Darstellungsart in der Hauptsache irgend zu Grunde gelegt ist. Hier fällt an sich und im Wesentlichen der sachliche Gegenstand des Kunstwerks und die eigenthümliche Idee seiner Darstellungsart im Künstler zusammen. Die Idee des zu schaffenden Werkes, welche hier der Künstler präsumtiv ebenfalls stets hat, knüpft in allen Theilen, im Ganzen und Einzelnen, lediglich an den sachlich ausserhalb des Künstlers gegebenen Gegenstand. Z. B. ein Maler überträgt in Linien und Farben, kopirt lediglich jene in der Wirklichkeit so vorgefundene Gruppe der Mutter mit den zwei Knaben als Maria, Jesus und Johannes, indem er vielleicht nur in ganz unbedeutenden Punkten einzelnes Selbständige hinzuthut, ändert.

Diese vier grossen Stufen der Kunstschöpfung, welche natürlich eine Fülle sprachlich nicht zu erschöpfender Uebergänge zwischen sich haben, lassen sich ebenso, wie oben im Heiligenbilde, nachweisen in der Historienmalerei. Ferner in der Landschaftsmalerei; hier bilden sie z. B. die folgenden 4 Klassen: 1) die frei komponirte Ideenlandschaft, so von

Claude Lorrain, Claude Poussin, Ruysdael, in Deutschland heute etwa einzelne der Landschaften von den beiden Achenbach, Kalkreuth, Schirmer, Preller, Ruths, auch Behrendsen und einigen Anderen. 2) Die Ideenlandschaft im Charakter einer bestimmten Gegend, z. B. Kalkreuths „Schloss des heiligen Graal“ im Charakter des Pyrenäengebirges. 3) Eine bestimmte Gegend als Stimmungsbild, so einige der Rheinlandschaften von Lessing, viele Schöpfungen der Düsseldorfer Schule, und in grossartigem Maasse die griechischen Landschaften Rottmanns. 4) Ein blosses Abbild einer ganz bestimmten Stadt, eines bestimmten Hafens, Berges, Waldes z. B. die Mündungen des Nil, dann Palermo, Jerusalem von Hildebrandt und unzählige andere. — Die Stufen finden sich ebenso in der Genre-, ja selbst in der Thiermalerei. Die Gemälde, welche allgemein einen menschlichen Kopf, ein Brustbild, eine menschliche Figur darstellen, füllen natürlich ebenfalls alle vier Stufen aus, auf der 3. und 4. heissen sie Portraits. Die Portraitmalerei rein als solche kann nicht über die 3. Stufe hinaufsteigen, weil sie ganz bestimmte Personen wiedergeben soll, höchstens mit dem Ausdrucke einer speciellen, den portraitirten Personen eigenthümlichen, oder vom Künstler selbständig hineingelegten Seelenstimmung (3. Stufe).

Die weitaus grösste Zahl der heute und in den letzten Jahrzehnten erschaffenen Gemälde gehört der 3. und 4. Stufe an. Dies zeichnet im Vergleiche zu der Malerei früherer Jahrhunderte diejenige der Gegenwart insbesondere aus, nicht zu ihrem Lobe. Der theilweise gerechtfertigte Tadel Michel Angelo's über die deutsche Malerei seiner Zeit scheint sich im 19. Jahrhundert immer mehr zu bestätigen. Namen, wie Cornelius, Overbeck, dann Rethel, Genelli, Rahl u. c. A. sind natürlich davon ausgenommen. Selbst bei Heiligen- und Historien-Bildern bestreben sich die Maler, ihre zuvor gefasste, vielleicht noch theilweise unbestimmte Idee der Darstellungsart des gegebenen Gegenstandes mit wirklichen Personen ganz oder theilweise auszuführen und immer wieder umzugestalten; an ihnen studiren, von ihnen skizziren sie, bis sie glauben, die vollendete Erscheinung ihrer Idee gefunden zu haben. Bedeutende, gerühmte, prämiirte, oft nachgebildete Gemälde entstehen so täglich. Landschafts-, Architektur-, Genre- und Thiermaler machen es ebenso, das lehren ihre häufigen Besuche und Skizzen am Orte, den das Gemälde darstellt. Selten werden diejenigen Landschaftsmaler unter der Menge der Aussteller von Landschaften, welche die aus ihrer Seele entsprossene selbständige Idee in eine für sie frei entworfene und ausgeführte Landschaft sich kleiden lassen. Selten (wenn gleich nicht in demselben Maasse, wegen der den Portraits an sich nicht übersteiglichen 3. Stufe) die Portraitmaler, welche wie die grossen Vorbilder van Eyck, Holbein u. A. die Portraits durchgeistigen unbeschadet der Bedingnisse des Portraits selbst. Niemand schliesst deshalb die Landschaften z. B. von Hildebrandt, Leu, die Portraits von Richter, Retzsch u. A. von den Kunstwerken aus, oder die Leistungen der Gebrüder Preyer, ihr echt niederländisch-naturgetreues Glas Bockbier in der neuen Pinakothek zu München, dessen ganzer Ruhm in der Naturwahrheit der Zeichnung, Farben, Gruppirung beruht.

Es war nothwendig, wegen der hieraus für das Nachdrucksrecht und seinen Grund zu ziehenden Folgerungen, näher auf den realistischen Charakter der heutigen Kunstschöpfungen einzugehen. Dieser Grundzug übt einen nothwendigen Einfluss auf den von Richter und Sachverständigen an die „Selbständigkeit" der Idee der Darstellungsart gelegten Maassstab aus, er beschränkt ihn wesentlich auf die obige 3., meistens die 4. Stufe. Fasst man die oben bei der 4. Stufe angegebenen Merkmale derselben in eine allgemein passende Definition, so ist die Idee der Darstellungsart selbständig in jeder mechanisch vervielfältigungsfähigen bildlichen Darstellung. Diese selbständige innere Thätigkeit zeigt sich sogar dort noch, wo nur vorhandene Gegenstände der Natur oder Kunst als dieselben Gegenstände und mit ihrer selben Darstellungsart (Erscheinungsform) in eine durch Linien und Farben gestaltete Erscheinungsform übertragen werden. Denn in der Stufenleiter von Nr. 1—4 zeigte sich, dass selbst bei dieser Uebertragung der Künstler noch die Idee der Darstellungsart des zu übertragenden Gegenstandes, wenn auch im engsten Anschlusse an die diesem Gegenstande an sich anhaftende Darstellungsform, in sich erzeugt, und dass er nach dieser Idee die Uebertragung des Gegenstandes in Linien und Farben vollzieht. Durch die Uebertragung bringt er nun den Gegenstand in eine Darstellungsform, welche sich leicht und beliebig mechanisch vervielfältigen lässt. Die Vervielfältiger benutzen daher die obige, wenn auch unbedeutende, doch immer nachweisbare innerlich selbständige Thätigkeit des Uebertragenden der vierten Stufe, und eben hierin tritt der praktische Grund zur gesetzlichen Constituirung eines Urheberrechtes und zur Ertheilung des Rechtsschutzes hervor.

Mit Rücksicht hierauf schützen daher die Nachdrucksgesetze ausdrücklich oder stillschweigend die rechtmässigen Uebertragungen in Kupferstich, Stahlstich, Holzschnitt, Steindruck als „künstlerische“ und zwar ohne Unterschied bis zu denjenigen Stichen u. s. w. hinunter, bei welchen nur noch ein Minimum innerlich selbständiger Thätigkeit vertreten ist (s. N. 60). Darauf weist gerade das oben auf S. 90 ff. genau betrachtete Moment des „anderen Kunstverfahrens“ als ein Kriterium dafür, dass stets in der Uebertragung als solcher eine derartige selbständige Thätigkeit liege; [nach den Gesetzesworten sogar noch in derjenigen durch Abgüsse, Abformungen und Farbendruck.]

Hier bietet sich der Vergleichungspunkt mit den S. 109 erörterten Grenzen des literarischen Rechtsschutzes. Dort schützt man auch noch die geistig selbständige Thätigkeit, welche sich lediglich in der Anordnung, Zusammenstellung bereits fertigen geistigen oder nicht geistigen Materials bekundet, so in der Abfassung von Quartierlisten, Wohnungsanzeigern, Formularen u. s. w., man schützt ferner die Erscheinungen in der Poesie, ohne wesentliche Rücksicht hier auf deren dichterischen, dort auf deren wissenschaftlichen Werth. Die blosse „Formgebung" ist da also das vervielfältigungsfähige und geschützte Element. Man würde völlig inkonsequent eine Menge danach schutzberechtigter „artistischer Erzeugnisse" schutzlos lassen, wenn man in diesem Felde die obigen Uebertragungen, und die technische Fertigkeit, die praktische Kenntniss in ihnen vom Rechtsschutze ausschliessen wollte. In diesem Sinne war oben in der möglichst kurz zu fassenden Fundamentaldefinition der „Werke der bildenden Künste" nur gesagt „die menschlichen Schöpfungen;" in ihnen ist im Gegensatze gegen die physischen, optischen u. s. w. aussermenschlichen, und gegen die mechanischen Vervielfältigungen die selbständige künstlerische Thätigkeit bereits präsumtiv enthalten.

So viel über die Idee der Darstellungsart, ihre „Schönheit" und „Selbständigkeit". Es bleibt noch ein auf diese beiden Eigenschaften zusammen bezüglicher Punkt zu erörtern.

Der künstlerische Werth eines Gemäldes gründet sich, wenn schon allgemein, so noch besonders im Gebiete des Nachdrucksrechtes, wesentlich nur auf obige Idee der Darstellungsart, nicht auf die Ausführung der Idee in Linien und Farben. In dieser Hinsicht ist es allgemein unwesentlich, in wie weit die Idee der Darstellungsart durch die Mittel des betreffenden Kunstzweiges zur Ausführung, zur Erscheinung vor die Sinne kommt.

Der Zeichner oder Maler zieht die Linien, trägt die Farben auf genau gemäss der in seiner Seele entstandenen Idee der Darstellungsart, resp. gemäss der mit dieser Idee mehr oder weniger enge übereinstimmenden Darstellungsart des Gegenstandes ausserhalb des Künstlers, (nach den obigen 4 Stufen), welchen er sich ganz oder theilweise Behufs der Ausgestaltung mit Personen oder sonst vor der Ausführung herstellte, oder welchen er in der Natur, in einer menschlichen Schöpfung bereits vorfand. Die Idee oder die Darstellungsart des bereits existirenden und zu übertragenden Gegenstandes lenken und bestimmen jeden Handzug des ausführenden Künstlers.

Darin liegt wesentlich Nichts mehr von freier, innerer Thätigkeit; denn diese ist bis auf die letzten Theile hin schon im Innern ausgebaut. War zuvor die Idee aber etwa nur unbestimmt gedacht, und detaillirt sie sich erst während des Entwurfs der Linien, so muss man auch hierbei die künstlerische Thätigkeit der Seele, welche ihre Idee weiter ausbildet, von dem mechanischen Nachzeichnen der Hand unterscheiden, welcher der Geist die Linien diktirt. Wer aber, wie der Photograph z. B., durch Lichteffekt und chemisches Präparat seine Idee der Darstellungsart ausführt, hat letzteren Theil der inneren Arbeit, wie unten zu zeigen ist, schon zuvor vollzogen, indem er, ehe er an die Ausführung selbst ging, seine künstlerische Idee bis auf die Falten des Gewandes und den Lichteffekt ausdenken und an dem darzustellenden Gegenstande selbst ausführen musste. Er bleibt also nur hinsichts der mechanischen Arbeit der Hand im Rückstande.

In der Ausführung durch Farben ferner liegt ebenfalls nur ein Nebentheil der Kunst, des Künstlerisch-Selbständigen in der Malerei. Einzelne Gemälde ragen hierin besonders hoch hervor. Aber derartige Gemälde sind Ausnahmen und darum in diesem Punkte so bekannt. Der Kern des innerlichselbständigen Elementes im Kunstwerke bleibt hier, wie gegenüber dem Linienentwurfe, aus denselben Gründen die Idee der Darstellungsart. Die Ausführung derselben in Linien oder Farben beruht mehr oder weniger in Kunstfertigkeit. Darum kann man sie auch bis zu der Vollkommenheit, welche in der Kunst nöthig ist, lehren, das Fassen und Durchführen einer künstlerischen Idee aber ist die That eines freien Geistes. Demgemäss sind die ganz oder fast ganz farblosen Skizzen, Cartons, oder die in den Farben halb erloschenen Gemälde alter Meister allgemein als Kunstwerke von hohem Werthe anerkannt, ob sie gleich neben und in ihrem Mangel an Farben und Linien die ihnen zu Grunde liegende maassgebende Idee der Darstellungsart höchst unvollkommen zur Erscheinung bringen.

Die Hauptsätze des letzten Abschnittes fasst das in dem Nachdrucksprozesse Piloty und Löhle gegen Payne 1865 gefällte Erkenntniss des Ober-Appellationsgerichtes zu Dresden so zusammen:

„Ein Kunstwerk ist die Schöpfung einer freien Thätigkeit eines gebildeten Geistes, besteht ganz abgesehen von der blossen Kunstfertigkeit, durch die es den Sinnen vorgeführt wird, und hängt weder von der Art, noch von der Vollkommenheit dieser letzteren ab. So lässt sich namentlich eine bildliche Darstellung als ein Kunstwerk denken, welche nur erst in einer Skizze entworfen worden ist, während das in seiner Form vollendete Gemälde auf diesen Namen keinen Anspruch haben kann, wenn der darin dargestellten Idee die schöpferische Erfindung und Originalität abgeht[137]).“

[137]) Abgedruckt bei Wächter, Recht des Künstlers 1859 S. 21 — S. auch Goltdammer, Strafbare Nachbildung etc. S. 1. 10.

§ 12. Insbesondere bei photographischen Schöpfungen.

Es gilt, die in den vorigen Paragraphen gefolgerten Sätze auf die Photographie anzuwenden.

Das Verfahren des Photographen zerfällt in drei Theile. 1) Er bereitet den darzustellenden Gegenstand zur photographischen Aufnahme geeignet zu, erzeugt und prüft das Bild desselben auf der „Fläche" in der Camera obscura. 2) Er stellt die chemisch präparirte Platte in die Fläche ad 1 und lässt eine bestimmte Zeit hindurch das Licht wirken; so erzeugt er das Negativ-Bild. 3) Er nimmt die einzelnen chemischen Kopieen oder Abdrücke auf photo-lithographischem und anderem Wege vom Negativ ad 2[138]).

Der dritte Theil, die mechanische Vervielfältigung, entspricht der nämlichen in den sonstigen Kunstzweigen und in den Nachdrucksgesetzen; eine Erörterung darüber ist hier überflüssig.

Die zwei ersten Theile des photographischen Verfahrens zeigen, dass dem chemisch-physikalischen Abbildungsprozesse eine vorbereitende, selbständig-innere Thätigkeit des Photographen vorhergehen muss. Ich beginne mit dem jederzeit bei Herstellung einer Photographie nothwendigen Minimum dieser Thätigkeit und schreite bis zu deren Maximum vor.

Der Photograph, welcher lediglich einen bereits ausser ihm völlig zur Darstellung fertigen Gegenstand genau in

---

138) Bericht der königl. berufenen Commission in Leipzig über die Anwendung des sächs. Gesetzes v. 22. Februar 1844 auf die Erzeugnisse der Photographie, sächs. Wochenblatt für Verwaltung etc. 1863 Nr. 30 S. 237. — Petition des Wiener Photographen-Vereins (Börsenblatt 1863 Nr. 73). — Petition des Berliner Photographen-Vereins v. Februar 1865 (Berliner Photographisches Journal v. d. Z. S. 158 u. a.) —

dessen Darstellungsart photographieren will, muss stets in sich die wenn auch unvollkommene und völlig an die eben genannten schon bestehenden Momente sich anschliessende Idee der Darstellungsart dieses Gegenstandes fassen, trivial gesagt, er muss vorher sich, wenn auch ganz beschränkt, vorstellen, wie die fertige Photographie sich darstellen wird oder soll. Gemäss dieser Idee erst stellt er den Apparat, wählt er die Grösse und den höheren oder tieferen Ton der Photographie, setzt er richtig die Platte ein, berechnet er genau die Schliessung des Apparats und die Fixirung der Aufnahme. Nur nach dieser inneren selbständigen Thätigkeit, nicht ohne dieselbe, erzeugt das Sonnenlicht in dem geöffneten Apparat mehr oder weniger abgerundete und vervielfältigungsfähige Gegenstände. Also erzeugt jene voraufgehende innerlichselbständige Thätigkeit eine der betreffenden photographischen Aufnahme eigenthümliche Darstellungsart gemäss der wenn auch unvollkommenen Idee des Photographen. Diese eigenthümliche Darstellungsart in der Uebertragung des vorher körperlichen oder schon auf der Fläche gebildeten, farbigen oder farblosen Gegenstandes ausserhalb des Photographen auf sein photographisches Flächenbild haftet allen von jenem Negativ genommenen Abzügen und allen nach diesen gefertigten Vervielfältigungen an, alle nutzen jene geistige Individualität für sich aus. Die hier nachgewiesene stets nöthige künstlerisch-selbständige Thätigkeit des Photographen bei Schaffung seiner Photographieen stellt ihn völlig den im § 11 erwähnten Künstlern der 4. Kunststufe zur Seite, die dort daraus allgemein gezogenen Sätze passen durchaus auch auf ihn; wie sich dort und in den entsprechenden Stadien der literarischen Thätigkeit die Anerkennung und der Schutz des gesetzlichen Urheberrechtes als nöthig erwies, muss man beide auch hier dem Photographen ertheilen.

Allein in den meisten Fällen beschränkt der Photograph sich nicht auf dieses Minimum. Entsprechend der in ihm entstandenen an die zu photographierenden Gegenstände anknüpfenden selbständig künstlerischen Idee der Darstellungsart ordnet er die Stellung, Bewegung der Gegenstände, wählt er die malerisch wirksamste Beleuchtung nach Stärke, Richtung und Farbe, bestimmt er den günstigsten Deutlichkeitsgrad, Farbe, Tiefe und Form der Photographie. Dass die hier das Bild eigenthümlich und künstlerisch gestaltende Thätigkeit des Photographen den Rechtsschutz gegen Nachdruck erhalten muss, bedarf keines Beweises. Alle die obigen und die meisten der hier zuletzt genannten Momente der selbständig künstlerischen Thätigkeit des Photographen gelten offenbar auch für die Photographie von Stichen, Schnitten u. s. w ; s. oben § 8[139]).

Nun das Maximum solcher Thätigkeit. Dieses umfasst alle Arten der Gemälde, nur überschreitet es nicht die Grenze der dritten obigen Stufe (S. 116), weil die Photographie stets des Anhaltes an die bereits existirenden Gegenstände bedarf.

Zunächst die Heiligen- und Historien-Gemälde.

Der Photograph fasst eine künstlerische Idee, z. B. die der Erhebung durch geistliche Musik, ausgedrückt in der heiligen Cäcilie, oder die der Aufopferung für's Vaterland, ausgedrückt in dem Kampfe der Horatier und Curiatier. Er fasst die Idee natürlich in bestimmter Darstellungsart (s. § 11), nicht blos die Idee des allgemein gegebenen Gegenstandes. Er macht geeignete Personen mit seiner Idee vertraut und dieser stets entsprechend wählt er ihre Gewänder aus, bestimmt ihre Umgebung, bezeichnet, bessert, sichert die geeignete Stellung, Gruppirung, prüft die Faltenlage der Gewänder, wählt den günstigsten Beleuchtungsmoment in Richtung,

139) Daher erscheint es zwiefach ungerechtfertigt, dergl. Photographieen nicht, dagegen die nach ihnen wieder gebildeten Stahlstiche und Lithographieen schützen zu wollen. S. den Fall bei Harum, Oesterreich. Pressgesetzgebung S. 101. — Vergl. noch besonders oben N. 60.

Stärke, Farbe, den geeigneten Deutlichkeitsgrad, Ton, Umfang des Bildes, und überträgt so den abgeschlossenen Ausdruck seiner individuellen künstlerischen Idee auf die sachgemäss präparirte, richtig in und mit dem Apparate gestellte Platte unter „genau berechneter Schliessung des Apparats und Fixirung der Aufnahme."

Sodann in der farblosen oder farbigen Retouche finden für die Photographie die Gesetze der Farbenstärke, Farbenzusammensetzung, Farbenharmonie Anwendung, wie bei den Gemälden. Die Schatten der Photographie ersetzen, ergänzen die tiefen Farben des Oelgemäldes. Und weit übertrifft der Photograph einfache Zeichnungen oder Stiche und dergl. durch die ohne Linien oder Punkte naturgetreu stark gesammelten, weich übergehenden Schatten, durch die darin ausgezeichnete Wiedergabe des menschlichen Körpers, der verschiedenen Gewandstoffe je nach Lichtreflex und Faltenwurf, der feinsten Stick-Verzierungen u. s. w. Gegenüber diesen Vorzügen der photographischen Ausführung bleibt der Unterschied zwischen ihr und der des nicht photographierenden Künstlers, dass sie chemisch-physikalisch durch Lichtwirkung, letztere durch die Hand des Künstlers vollzogen wird; aber auf S. 121—123 ist ausführlich erwiesen, dass in der Ausführung an sich nicht das künstlerische Element des Kunstwerks liegt. In allem übrigen Verfahren operirt hier der Photograph Schritt um Schritt, wie dort der Künstler. Und der Vergleichungspunkt liegt nicht in dem Vorbereiten der Ausführung durch lebendige Personen u. s. w.; — dieses Vorbereiten, charakteristisch für die Stufen 3. 4., und für die trotzdem geschützten Kunstwerke der Jetztzeit, (S. 119) gestattet nur, die Gestaltung der Idee schrittweise zu verfolgen und zu vergleichen; — sondern er liegt in der hier wie dort übereinstimmenden Fassung und Ausgestaltung der künstlerischen und selbständigen Idee der Darstellungsart in der Seele des Künstlers und Photographen. Diese macht gesetzlich die photographische Schöpfung zu einem schutzberechtigten Kunstwerke. Dass dergl. Photographieen verhältnissmässig selten begegnen, beweist Nichts gegen obige Ausführung, sondern zeugt nur, dass das Maximum der Kunstthätigkeit des Photographen darin wirkt, und — dass der Rechtsschutz solcher Kunstwerke gegen Nachdruck fehlt.

Bei dem photographischen Landschafts- und Architekturbilde wiederholt sich Alles, was über das künstlerische Element in Photographieen so eben gesagt und daraus gefolgert wurde, nur fällt hier fort, was sich auf die Vor-Ausführung der Idee in selbst-dirigirten lebenden Gestalten bezieht.

Unter den in der Natur fertig gegebenen Landschaften sucht der Photograph mit künstlerischem Blicke diejenigen, in welchen er die für sein Bild selbständig gefasste Idee der Darstellungsart auszudrücken ermöglicht findet, ersieht den Standpunkt, von welchem aus seine Idee am wirksamsten aus dem in sich gerundeten, abgeschlossenen Bilde spricht, wählt die günstigste, oft nur im Augenblicke festzuhaltende Beleuchtung, die Gruppirung der Wolken, das herniederstürzende Unwetter der Ferne. Das übertragene Gemälde durcharbeitet er mit den Farben der Retouche und vollendet mit feinem Takte und Geschmack[140]) den Ausdruck der Idee, zu deren Darstellung er die Landschaft auswählte. Noch schlagender zeigt sich der Vergleich zwischen dem photographischen und dem sonstigen Hersteller von Landschaftsbildern nur der 4. Stufe.

140) Diesen künstlerischen Geschmack betont besonders Wächter, Deutsche Vierteljahrsschrift 1863 S. 199 ff. Aber weit mehr künstlerische Natur liegt in dem Schaffen des Photographen, als dieser Geschmack. Das lehrt unser schrittweises Verfolgen der Thätigkeit des Photographen. — S. auch die Erklärung des Kommissars des preuss. Justizministerii bei den Kommissionsberathungen des preuss. Abgeordnetenhauses v. Februar 1862 über unsere Frage. Börsenbl. 1863 Nr. 70 S. 1166 ff.

Einer weiteren Ausführung, wie das Maximum der künstlerisch selbständigen Thätigkeit des Photographen ebenfalls in den Genre-, Thierbildern und Portraits 3. und 4. Stufe sich zeigt, bedarf es nicht. Man hat nur die oben detaillirten Hauptmomente seines Schaffens auf diese Gegenstände der Darstellung anzuwenden. Die im § 11 Betreffs der anerkannten und geschützten Kunstwerke 3. und 4. Stufe und oben hinsichts der höchsten künstlerischen Thätigkeit des Photographen aufgestellten Sätze sichern auch hier das Urheberrecht gegen unbefugte Nachbildung.

---

§ 13. Widerlegung der Einwände gegen § 12.

Die Gegner des Rechtsschutzes der Photographie gegen Nachdruck zerfallen hauptsächlich in zwei Klassen.

Die erste derselben nennt das Verfahren der Photographen ohne Ausnahme mechanisch, chemisch-physikalisch, in Lichtwirkung bestehend, und versagt daher principiell allen photographischen Erzeugnissen die Ausdehnung des Rechtsschutzes der Nachdrucksgesetze. Den vollen Ausdruck gewinnt diese Klasse in dem Gutachten des preussischen artistischen Sachverständigen-Vereins vom Jahre 1857[141]): „Es sind lediglich technische Mittel, welche bei einer derartigen photographischen Produktion angewendet

---

141) Zu dem Erk. des preuss. Ob.-Trib. v. 13. Mai 1857, s. Goltdammer, Archiv V. S. 625 ff. — Börsenblatt v. 1857 S. 2495 ff., 1858 S. 2498. Wächter, Recht des Künstlers S. 17. Kaiser, Gesetzgebung S. 61. — Wenn sich obiges Gutachten auch zunächst auf die photographische Nachbildung eines Kupferstichs bezieht, ist es doch, allgemein ausgedehnt, der eigentliche Ausdruck dieser Klasse der Gegner, wie sich aus deren anderweiten unten zitirten Erklärungen zeigt.

werden und das gegebene Werk sich selbst wiederholen lassen. Es sind Mittel, welche der Wiederholung plastischer Werke durch Abformung, Abguss und namentlich durch Galvanoplastik völlig parallel stehen. Die Bedeutsamkeit des natürlichen Prozesses, welcher in der photographischen Darstellung zu Tage tritt, die Arbeiten der Wissenschaft, welche erforderlich waren, um ihn der praktischen Benutzung anheim zu geben, können hier um so weniger eine abweichende Auffassung begründen, als die Technik der Photographen bereits Gemeingut geworden ist und als solches geübt wird."

Diesem Entscheide stimmen zu andere Gutachten von Sachverständigen[142]), gerichtliche Erkenntnisse[143]) und Ausführungen praktischer und theoretischer Juristen[144]).

Gegen die hier vorgebrachten Momente genügt es, lediglich auf den oben § 8 erörterten Sinn des Ausdrucks „mechanische" oder „rein mechanische" menschliche Thätigkeit zu verweisen; ferner ins Gedächtniss zu rufen, welche Werke

---

142) Z. B. das Gutachten des preuss. artist. Sachverst.-Vereins v. 9. Septbr. 1859 u. des litterar. Sachverst.-Vereins v. 28. Novbr. 1859. Beide bei Heydemann-Dambach, Preuss. Nachdrucksges. etc. S. 254 ff. Andere Gutachten desselben artist. Sachverst.-Vereins widersprechen dem obigen (s. N. 145).

143) Erk. des preuss. Ob.-Trib. v. 13. Mai 1857 (bei Goltdammer, Archiv. V. 625 ff.); v. 24. Februar 1864 (bei Goltdammer, Strafbare Nachbildung etc. S. 32 ff.). Die Erkenntnisse der bayrischen Gerichte im Prozesse Albert (s. bei Kaiser, Ergänzungsheft S. 47) v. Sommer 1864, prinzipiell im Widerspruche mit ihren Entscheidungen im Prozesse Piloty u. Löhle gegen Payne. — Auch ein Erk. des Pariser Zuchtpolizeigerichts (bei Kaiser, ebend. S. 43).

144) Harum, Oesterr. Pressgesetzgebung S. 100. — Goltdammer, Archiv V. 626 ff., Strafbare Nachbildung etc. S. 36 Nr. XI. — Schreiner, Sendschreiben an die Münchner Akademie 1864 bei Kaiser a. a. O. S. 47. — Kaiser selbst schwankt (Ergänzungsheft S. 40. 45). — S. noch Cousin, Revue pratique de droit français etc. XVII. Nr. 1 p. 47 bei Kaiser a. a. O. S. 43 und hins. der französ. Juristen s. Goltdammer, Archiv XII. S. 808. u. a. Allg. österreich. Gerichtszeitung 1864 Nr. 75.

in Original und Nachbildungen von untergeordnetster innerlich selbständiger Thätigkeit im Felde der Schrift- und der Kunstwerke gegen Nachdruck geschützt werden (§ 6. 8. 10. 11); endlich und hauptsächlich zu betonen, welche wesentliche selbständig-künstlerische Thätigkeit jede photographische Schöpfung in sich haben muss, und welchen hohen Grad derselben sie in sich haben kann (§ 12), beide in innigster Uebereinstimmung mit der bei Kunstwerken der dritten und vierten Stufe längst geschützten Thätigkeit der Art. Eben letzteres Moment steht der Endbemerkung in dem oben zitirten Gutachten entgegen; ist auch die photographische Technik Gemeingut geworden, so giebt doch jede photographische Aufnahme ihrem Erzeugnisse einen Grad selbständiger Kunstthätigkeit des Photographen mit, welcher eben, nicht die blosse Technik, rechtlich gegen Nachdruck zu schützen ist. Die weiteren Nachdrucker mögen stets auf das noch so oft photographierte Vorbild zurück gehen, sie dürfen aber nicht die Photographie desselben nachbilden. Gerade die häufige unbefugte Nachbildung aber hindert den Photographen, mehr Erzeugnisse hochkünstlerischen Werthes zu schaffen. Die Nachbildung beeinträchtigt seinen Gewinn, und dass er nach diesem strebt, das theilt er mit den übrigen Zweigen der Kunst und des Kunsthandels. Diesen wesentlichen Gesichtspunkt für den ganzen Urheberschutz kann man nur unter Verkennung des Urheberrechtes dem Photographen als Zeugniss gegen das künstlerische Wesen seines Betriebes vorhalten.

Der Hauptfehler in der Beweisführung obiger Gegner ist, dass sie in dem künstlerischen Schaffen einmal die Idee der Darstellungsart von deren Ausführung, zweitens die verschiedenen Stufen in der Selbständigkeit jener Idee und in den wirklich längst geschützten Werken hoher und niedrigster Kunstleistung nicht gehörig scheiden. Will man die Kunstwerke obiger erster Stufe und zwar diese erst nach vollendeter Ausführung ausschliesslich unter den schutzberechtigten Werken der Kunst in den deutschen Nachdrucksgesetzen verstehen, so steht allerdings die Photographie weit zurück von der Grenze des Rechtsschutzes. Man widerspricht dann aber 1) dem Willen der Nachdrucksgesetze, 2) dem Wesen eines „artistischen Erzeugnisses," 3) der heutigen langjährigen Praxis im Nachdrucksrechte.

Dieser Widerspruch macht sich bei nicht wenigen der obigen Sachverständigen-Vereine und Rechtsverständigen darin geltend, dass sie an anderer Stelle eine Reihe der in den hohen Maassstab der Kunstwerke gar nicht mehr passenden artistischen Erzeugnisse wieder unter den Rechtsschutz nehmen, wenn auch als „künstlerische Hilfsmittel" u. a. m. z. B. Stiche, Schnitte u. s. w., deren künstlerische Natur vor Herstellung der Platte doch in den Nachdrucksgesetzen nachweisbar den Grund ihres Rechtsschutzes bildet (s. § 6. 8). Ja selbst die photographischen Nachbildungen von Kunstwerken rechnen sie dann zu diesen „künstlerischen Hilfsmitteln" und nehmen sie inkonsequent, und oft nur indirekt, gezwungen von der allgemeinen Verwerfung der Photographieen aus[145]. Dies leitet über zu der zweiten Klasse der Gegner.

---

145) So z. B. der preuss. artist. Verein in dem S. 102 zitirten Gutachten v. 9. September 1859 mit Berufung auf § 18. des preuss. Gesetzes v. 11. Juni 1837, der „eine Handhabe für den Schutz der Photographieen im Allgemeinen darbiete," während der Verein photographische Originale und Nachbildungen als unkünstlerisch für schutzlos erklärt Heydemann-Dambach a. a. O. S. 254. Und derselbe Verein stellt in einem v. Kaiser, Gesetzgebung S. 57 Nr. 4 ohne Datum zitirten Gutachten photographische Nachbildungen als „reproduzirende Hilfsmittel" zugleich mit Stichen, Schnitten u. s. w. unter den Rechtsschutz des § 29 desselben Gesetzes. In dem Gutachten zum Erk. des Ob.-Trib. v. 13. Mai 1857 meint derselbe Verein am Schlusse, gerade wenn man den obigen § 29 auf photographische Nachbildungen nicht anwende, „sei den Unternehmungen in Kupferstich u. s. w. der Boden genommen." Aber man beabsichtigt ja gar nicht, photographische Nachbildungen als unabhängige, von dem Rechtsschutze des

Die Gegner der zweiten Klasse wollen nur den nichtkünstlerischen Theil der Photographieen vom Rechtsschutze ausschliessen.

Hauptsächlich scheiden diese entweder sämmtliche Photographieen in künstlerische und nichtkünstlerische[146]); oder sie finden diesen Unterschied wesentlich in dem der photographischen Nachbildungen und der Original-Photographieen wieder, deren erstere sie zu den schutzberechtigten, letztere zu den, ganz oder theilweise, schutzlosen Werken gezählt wissen wollen[147]).

Hiergegen ist dasselbe, wie gegen die Gründe der ersten Klasse einzuwenden, so weit die Verwerfung eines Theiles der photographischen Erzeugnisse wegen deren mechanischer Herstellungsart geschieht. Diese Gründe beweisen aber auch

§ 29 nicht getroffene Originale hinzustellen. Conrad, Preuss. Pressgesetzgeb. Supplement 1865 S. 77. Wie in denselben obigen Widerspruch das Gutachten des preuss. litter Sachverst. Ver. v. 28. November 1859 fällt, ist oben § 10. schon gezeigt. — S. ferner Goltdammer, Archiv V. 626 ff., der die Photographie zu den „Uebertragungen" in § 21 des preuss. Ges. v. 11. Juni 1837 zählt, und sie doch mit dem Schutze des § 29 ib. nicht schützt, obgleich § 29 ausdrücklich alle die in § 21 genannten Arten des „anderen Kunstverfahrens," wie er durch seine Worte „Kupferstich u. s. w. (§ 21.)" zeigt, geschützt wissen will. — Auch Harum a. a. O. S. 100 verwirft den Rechtsschutz für alle Photographieen und stellt sie doch mit den in den deutschen Nachdrucksgesetzen ausdrücklich geschützten „Abgüssen" u. dergl. auf dieselbe künstlerische resp. unkünstlerische Stufe.

146) Bluntschli, Deutsch. Priv.-R. 3. Aufl. S. 120. — Schenk, Rechtsschutz der Photographie (Zeitschr. f. österr. Notariat. 1864, Nr. 6. 9), s. Kaiser, Ergänzungsheft S. 44. — Der Kommissar des preuss. Justizministerii in den Kommissionsberathungen des preuss. Abgeordnetenhauses von 1862 über unsere Frage, s. Börsenblatt 1863 Nr. 70 u. a. — Der Aufs. in der deutsch. Strafrechts-Ztg. 1862, Nr. 10. s. Kaiser, Ergänzungsheft S. 40. Auch ein Erk. des Pariser Kassationshofs v. Decembr. 1862 bei Bluntschli a. a. O. — S. bes. § 28 des Bundesentwurfs v. 1864 u. des bayrischen Gesetzes v. 28. Juni 1865.

147) Die oben in der 1. Klasse gegebenen Citate. — Kühns, Gesetzentwurf S. 16 ff. — Kaiser, Ergänzungsheft 40. 41. 45.

gegen die Scheidung als solche. Denn § 11 lehrt, wie lax der Maassstab für die „künstlerische und selbständige Idee der Darstellungsart" nach den deutschen Nachdrucksgesetzen zu handhaben ist und längst bei den „artistischen Erzeugnissen" gehandhabt wird, und § 12 zeigt, dass alle Photographieen unter diesen Maassstab fallen und keineswegs nur wegen der vermögensrechtlichen Seite der Herstellung geschützt werden sollen[148]). Wenn an der künstlerischen Natur letzterer zu zweifeln, so ist es höchstens an derjenigen der einfachen photographischen Nachbildungen von farblosen Stichen, Schnitten u. dergl.[149]), und gerade diese werden von den Gegnern doch (gemäss den Gründen des § 6. 8) als künstlerisch und in den Gesetzen schutzberechtigt angesehen. Prinzipiell aber gilt hier, was bereits gegen die gleiche Unterscheidung bei wissenschaftlichen Photographieen (§ 10) eingewendet wurde. Die Differenz der hier unter sich und gegen die des § 14 streitenden Ansichten bezeugt die Thatsache, dass über den künstlerischen Werth der Photographie allgemein kein Entscheid gegeben werden kann, sondern dass, wenn nicht alle Photographieen trotz obigen Erweises (§ 12) künstlerisch und schutzberechtigt gelten sollen, nur im einzelnen Falle der Werth und die Schutzberechtigung der Photographie entschieden werden kann. Die Photographie steht hier ganz, wie die in den Nachdrucksgesetzen geschützten Gattungen von Kunstwerken, deren einzelne Erzeugnisse auch nicht immer schutzwerth erscheinen. So wie man trotzdem die ganze Gattung als eine solche anerkennt, welche schutzwerthe Werke hervorbringen kann, — unter selbstverständlichem Vorbehalt der jedesmaligen Einzelprüfung — muss man auch die Photographie diesen Gattungen an-

---

148) Dies meint besonders Kühns a. a. O.

149) S. den Leipziger amtlichen Commissionsbericht in dem Sächs. Wochenblatt für Verwaltung etc. 1863. Nr. 30.

reihen. Aus allen diesen Gründen ist die im § 28 des neuen Bundesentwurfes von 1864 und des bayrischen Gesetzes vom 28. Juni 1865 dem Rechtsschutze der photographischen Originale und Nachbildungen zugefügte Bedingung „wenn sie als Werke der Kunst zu betrachten sind“ prinzipiell unhaltbar und praktisch undurchführbar.

Es bleiben noch zwei spezielle Einwände zu erledigen.

Der Rechtsschutz der Nachdrucksgesetze sei auf die Original-Photographie unanwendbar, weil die Schutzfrist jener (Lebenszeit des Autors und 30 Jahre danach) nicht auf die in Bild und Material leicht zerstörbare Glasplatte (Negativ) der Photographie passe[150]. Allein die Schutzfrist hängt mit dem hier lediglich zu erörternden und gegenüber der Photographie zu prüfenden Grunde und Wesen des Urheberrechtes und -Schutzes nicht zusammen. Daher setzte man in den Vorentwürfen des preussischen Gesetzes vom 11. Juni 1837 und in diesem selbst §. 5. 27 den Schriftwerken eine viel längere Schutzfrist, als den Kunstwerken, und bei letzteren nicht mit Rücksicht auf die Haltbarkeit des Werkes, sondern aus ganz anderen, künstlerischen Gründen[151]. Und ohne das Wesen der Kunstwerke zu berühren, verlängerte man seit dem B.-Beschlusse vom 19. Juni 1845 in Deutschland deren frühere Frist von 10 Jahren auf die obige lange Dauer. Dabei begegnet es eben so oft, dass das geschützte Werk vor, als nach dem Ablauf der Frist untergeht. Die hier besonders vergleichbaren Stich-, Schnitt-, Druck-Platten, z. B. bei Holzschnitten u. a., werden ferner nur im preussischen Gesetze § 29 mit der eigenthümlichen Frist »ihrer Dauer« bekleidet, alle übrigen Nachdrucksgesetze messen ihren Schutz nach fester Zeit, abgesehen von ihrer Haltbarkeit. Diese feste

---

150) Diesen originellen Einwand finde ich bei Kaiser, Ergänzungsheft S. 46. 47.

151) Goltdammer, Strafbare Nachbildung etc. S. 7. 10.

Frist ist oben ebenfalls statt jener vagen des preussischen Gesetzes mit Gründen befürwortet (§ 8), und daselbst gezeigt, wie neuerdings eine besondere Technik, durch Erkenntniss des höchsten Gerichtshofes anerkannt, die Platten in infinitum erhält und so die Frist des § 29 a. a. O. illusorisch macht. Und wenn schon bei gehöriger Behütung stets zweifelhaft bliebe, ob ein photographisches Negativ nicht doch jene längere Schutzfrist hindurch währen kann, so kommt es vor Allem bei Original-Photographieen ja gar nicht auf die Platte, sondern auf das von derselben genommene erste Exemplar der Photographie an. Dieses wird angemeldet, mit dem Eintragungsvermerk versehen u. s. w. Dieses ist der Träger der in der photographischen Aufnahme geschützten künstlerischen Thätigkeit gegenüber dem Gesetze und Publikum. Nähme daher der Photograph während der langen Schutzfrist nur einzelne Male Abzüge von der Platte, jedes Mal aber eine grosse Anzahl derselben, so könnte danach lange vor dem Ablaufe der Frist die Platte vernichtet werden, und die weitere Dauer der Frist gegenüber dem gewiss haltbaren ersten Abzuge der Platte hätte ihren guten Grund[152]).

Man wendet ferner gegen die photographischen Gruppenbilder, die nach voraufgehender künstlerischer Anordnung des Photographen gefertigt werden (s. § 12 bei den Historien- und Heiligenbildern), ein, ihr Schutz schlösse auch die künstlerischen lebenden Bilder, Ballet-Gruppen u. a. als

---

[152]) Wenn der Photograph etwa nach Zerstörung des ersten Negativs von dessen Abzügen neue Photographieen durch ein neues Negativ herstellte, so wären diese letzteren Photographieen bereits photographische Nachbildungen mit selbständigem Urheberrechte und selbständiger Frist. Sie gehören also nicht streng in den oben erörterten Fall. Das Gesetz will nur das erste Abzugs-Exemplar schützen, in welchem überhaupt zuerst die künstlerische Idee der Darstellungsart dieses Werkes zur Erscheinung kam. S. Erk. des preuss. Ob.-Trib. v. 24. Februar 1864 a. Anf.

Objekte des Urheberrechts in sich und enthalte so eine Abirrung von dem Fundamente des Nachdrucksrechtes[153]). Allein jene künstlerische Anordnung und Gruppirung nach einer selbständig schönen Idee der Darstellungsart bedarf stets der Erscheinungsform des Kunstwerkes im Sinne der Nachdrucksgesetze, andernfalls bleibt sie nur der Ausdruck dafür, dass wohl der künstlerische Kern zu einem Kunstwerke, aber noch nicht dessen Gestaltung in ein Kunstwerk selbst, also die äussere Bedingung zu Ertheilung des Rechtsschutzes noch nicht vorhanden ist. In wie weit ferner der Photograph, in wie weit die photographierten Personen zur künstlerischen Gestaltung hier mitwirkten, wird man in den meisten Fällen sehr wohl durch Zeugen, Sachverständige (Vergleich mit sonstigen Schöpfungen desselben Photographen u. a.) feststellen können, ebenso gut, wie das Verdienst des Photographen bei »Anordnung, Stellung, Bewegung des darzustellenden Objektes«, welches die obigen Einwender selbst doch »bis auf wenige Ausnahmen« durch Sachverständige nachweisen wollen[154]). Besonders leicht würde der Nachweis dort sein, wo etwa Schauspieler in Kostümen Scenen aus Dramen als historische Photographieen von sich aufnehmen lassen. Man darf hier nicht übersehen, 1) dass dergl. Gruppirung nur die Existenz der schutzberechtigten Idee der Darstellungsart bezeugt (S. 112 ff. 127), 2) dass ihre Uebertragung in Linien und Farben erst, wenn auch nur durch diese an sich äusserliche und nebensächliche Thätigkeit, das Kunstwerk als solches fixirt und zur Erscheinung bringt (S. 121 ff.), 3) dass Maler und Zeichner vielfach mit demselben Mittel

---

153) S. Kaiser, Ergänzungsheft S. 41. — Leipziger Commissionsbericht im sächs. Wochenblatt für Verwaltung etc. 1863, Nr. 30, S. 237.

154) S. d. Leipziger amtl. Commissionsbericht im sächs. Wochenblatt für Verwaltung etc. 1863, Nr. 30, S. 237.

und doch unbezweifelt künstlerisch operiren und schaffen[155]) (S. 117- 120), 4) dass die so entstehenden Photographieen nur seltene und höchste photographische Kunstleistungen sind (S. 126. 128)[156]).

Die Einwände erweisen sich demnach als nicht stichhaltig. Die Photographie bewahrt ihren mehr oder weniger selbständig künstlerischen Charakter, um deswillen sie hier den artistischen Erzeugnissen als nahe verwandten zur Seite gestellt und der Rechtsschutz letzterer auch für sie verlangt wird.

Entfernter liegt der Photographie das Gebiet der Gewerb-, Fabrik-Erzeugnisse und des Musterschutzes derselben[157]). Hier kann die »Form an sich«, das Muster, gleichfalls aus einer selbständigen und wichtigen geistigen Thätigkeit hervorgehen; aber die mechanische Nachbildung des Musters reproducirt hier nicht den wesentlichen Werth des Vorbildes, welcher stets »aus der Form an einem selbstständig werthvollen Material« besteht[158]). Im Felde der Kunstschöpfungen aber handelt es sich nicht um das Material und

[155]) Eine Abirrung vom Gebiete des Nachdrucksrechtes liegt hier also sicher nicht vor.

[156]) Daher erklärte sich auch in der Kommissionsberathung des preuss. Abgeordnetenhauses im Februar 1862 über die Petition der Berliner Photographen Lehmann u. Co. um Rechtsschutz der Referent Franz Duncker gerade für den Rechtsschutz dieser photographischen Kunstwerke, und der Regierungskommissar trat ihm in diesem Punkte keineswegs entgegen, sondern hob nur die Schwierigkeit hervor, die Grenze zwischen solchen künstlerischen und den unkünstlerischen Photographieen zu ziehen, zumal photographische Original-Aufnahmen von Landschaften, Architekturen oft bedeutenderen Kunstwerth zeigten, als jene Gruppenbilder. Börsenblatt 1863. Nr. 70.

[157]) Unter die Gewerberzeugnisse weisen und auf Musterschutz vertrösten die Photographie Schenk, Zeitschr. f. österr. Notariat 1864 Nr. 6. 9. — Goltdammer, Archiv XII. 808. - Kühns, Gesetzentwurf S. 17 Note 13. — Kaiser, Ergänzungsheft S. 45 ff. u. A.

[158]) Sächs. Wochenblatt für Verwaltung etc. 1863. Nr. 30. S. 236.

seinen Werth, sondern um die Form (die selbständige schöne Darstellungsart) allein. Andere Gründe, welche den Mangel des künstlerischen Elementes in jenem Gebiete erweisen, können hier unerörtert bleiben; die Grenze zwischen den zur Vervielfältigung bestimmten Kunstwerken und den Erzeugnissen der Industrie schwankt[159]). Dazu kommt, dass ein Musterschutzgesetz vorläufig unter den deutschen Staaten nur Oesterreich aufzuweisen hat, vom 7. December 1858, obgleich der ausgedehnte Verkehr dringend einen juristischen Schutz für die Gegenstände der Fabrikation u. dergl. fordert[160]). Wenn endlich einige deutsche Regierungen, z. B. die preussische[161]), in amtlichen Vorschriften die Photographie unter die Gewerbe rechnen, so wollen sie damit keineswegs die Photographie von dem Gebiete der Kunst und ihres Rechtsschutzes ausschliessen. So zählt im Anschlusse an A. 272 Nr. 5 des Allgemeinen Deutschen Handelsgesetzbuches auch das Handels-

---

159) Bluntschli, D. P. R. S. 119. — S. auch Beseler, D. P. R. 2. Aufl. S. 323.

160) Diese Dringlichkeit ist bekanntlich hins. des Rechtsschutzes gegen Nachbildung von Etiketten u. Fabrikzeichen bereits anerkannt in der Nürnberger Commission zur Berathung des Allg. Deutsch. Handelsgesetzbuches. S. auch Zoepfl, Deutsches Staatsrecht. 5. Aufl. II. 642.

161) Vergl den Erlass des preuss. Finanzministerii v. 18. Mai 1857 (doch besonders wegen des gleichzeitigen Handels mit Rahmen oder andern Einfassungen.) — §§ 20. 21 Nr. 3 des Ges. v. 19. Juli 1861, Anweisung zu ihrer Ausführung v. 29. Septbr. 1861 (nur hins. des „umherziehenden Gewerbes" der Photographen) — Erlass des preuss. Minist. des Innern v. 26. August 1861 (darin bedarf der Händler „mit photographischen Bildern aller Art" einer Konzession als „Kunsthändler"). Die Texte der obigen Verfügungen s. bei Conrad, Preussische Nachdrucksgesetzgebung 1862. S. 46. 58. — Die Cirkul.-Verf. des preuss. Finanz-Ministerii v. 24. März 1862 (bei Kaiser, Gesetzgebung S. 262) spricht ebenso von dem Gewerbe der „herumziehenden "Photographen. — Somit ist man nicht berechtigt, den Ausdruck „Gewerbe" der Photographen im Gesetze, ihre „Gewerbesteuer" u. a als Entscheid gegen ihr künstlerisches Schaffen aufzufassen (wie z. B. Goltdammer, Archiv, V. 626 bei Conrad, Supplementheft 1865 S. 77).

recht eine Reihe (§ 3) der hier einschlagenden Geschäfte über Photographieen u. dergl. zu den Handelsgeschäften, wenn sie »gewerbmässig« betrieben werden, und rechnet doch unter den »Kunsthandel« den Handel mit Photographieen, wie mit andern unbezweifelten Kunstwerken[162]). Die Photographen selbst, und wie obige Darlegung zeigt, aus gewichtigen Gründen, weisen die Verheissung des Musterschutzes für ihre Schöpfungen ab[163]).

§ 14. Anerkennung des Urheberrechts und Rechtsschutzes in der Photographie.

So erkennen Juristen und Künstler[164]) der Photographie allgemein, nicht blos den photographischen Nachbildungen (§§ 6. 8. 11. 13), ein künstlerisches Schaffen in höherem oder geringerem Grade zu. Amtliche Gutachten schliessen sich ihnen an. Die von der königlich sächsischen Kreis-Direction zu Leipzig berufene Commission über die Anwendung des Gesetzes vom 22. Februar 1844 auf Erzeugnisse

---

162) S. z. B. Goldschmidt, Handbuch des Handelsrechts I. 1. S. 448—451, 480.

163) So die Petition des Wiener Photographen-Vereins, Börsenblatt v. 1863 Nr. 73, obgleich, wie berührt, gerade und nur in Oesterreich ein Musterschutzgesetz besteht

164) Hierhin gehören die oben in N. 146 zitirten Schriftsteller, welche nur künstlerische und unkünstlerische Photographieen scheiden wollen. — Bluntschli, Deutsch. Priv.-R. 3. Aufl. S. 120. — O. Wächter, Das Recht der Briefe und Photographieen, in der deutsch. Vierteljahrsschrift 1863 S. 173 ff. 197. — Lienbacher, Wiener Ztg. v. 20., 21. Februar 1864; österr. Pressgesetz 1863 S 67. Auch Schenk, Zeitschr. f. d. österr. Notariat 1864, Nr. 6. 9. — S. ferner die Allg. Deutsche Strafrechtszeitung 1862 Nr. 10. — Die Erklärung des Referenten Franz Duncker im preuss. Abgeordn.-Hause 1862, Börsenblatt v. 1863 Nr. 70 — Reulbach, Die Kunstwürde der Photographie 1864 (bei Kaiser a. a. O. S 47).

der Photographie erklärt nach detaillirter Begründung[165]) alle berechtigten photographischen Aufnahmen, mit Ausnahme der Reproduktion von nicht farbigen graphischen Darstellungen, als Werke der Kunst im Sinne des zitirten Gesetzes[166]). Die königlich bayerische Akademie der bildenden Künste zu München hat in dem Processe betreffs der Lithographie von einem photographischen Portrait Königs Ludwig II. 1864 gutachtlich sich durch eine Kommission dahin entschieden, dass die Photographie in gewissen Fällen eine Kunst sei, weil sie einmal künstlerische Gedanken, künstlerische Auffassung der Natur, sodann die Mittel zu voller Versinnlichung der Idee oder zu schöner Durchbildung des Naturobjektes besitze[167]). Aehnlich urteilte bereits der preussische Regierungs-Kommissar bei den Berathungen des preussischen Abgeordnetenhauses über unsere Frage im Februar 1862[168]), desgleichen die Verfügung des preussischen Kultusministerii vom 9. November 1863, welche die Möglichkeit, dass Photographieen Kunstwerke seien, anerkennt[169]). Einzelne der Gerichtshöfe in den deutschen Staaten, z. B. in Würtemberg (s. § 7), folgten in ihren Urteilen bereits den obigen Gründen. In wie weit die internationalen Nachdrucksverträge deutscher Staaten mit dem Auslande Anerkennungen des Kunstwerths der Photo-

---

165) Der Commissionsbericht erörtert ausführlich den Begriff „Kunstwerk“ im engeren und weiteren Sinne der Nachdrucksgesetze und betont schliesslich nur den Schutz der in Folge der geistig selbständigen Thätigkeit des Künstlers hervorgebrachten Form des Werks, welche in ihrer Vervielfältigung Ertrag abwirft. Wie Kaiser a. a. O. S. 41 behaupten kann, erstere Frage erörtere der Bericht „nicht im Mindesten,“ ist mir nicht erklärlich.

166) Sächs. Wochenblatt für Verwaltung und Polizei 1863 Nr. 30.

167) Bei Kaiser, Ergänzungsheft S. 47. So urteilen also Kaulbach, Carrière u. A.

168) S. d. Börsenblatt v. 1863 Nr. 70.

169) Bei Kaiser, Ergänzungsheft S. 50.

graphieen enthalten, zeigt oben § 5. Unter den Gesetzentwürfen und Gesetzen zählt § 4 des Entwurfs der deutschen Kunstgenossenschaft, wenn auch im Widerspruche mit seinen Motiven, die Photographie neben Malerei, Zeichnung, Stichen u. s. w. zu den zeichnenden Künsten. Der Bundesgesetzentwurf von 1864 und das bayerische Gesetz vom 28. Juni 1865 dehnen in ihrem § 28 den Rechtsschutz des künstlerischen Urheberrechts gegen unbefugte Vervielfältigung auf alle Arten von Photographieen aus, vorausgesetzt, dass dieselben als Werke der Kunst zu betrachten sind.

Auf Grund obiger Ausführung erscheint es gerechtfertigt, die letztere Bestimmung für das Allgemeine Deutsche Nachdrucksgesetz und dessen Einführung in den deutschen Einzelstaaten festzuhalten, nach Verwerfung der ihr beigefügten Bedingung, welche, wie oben erwiesen, weder aus den allgemeinen Grundsätzen des Urheber- und Nachdrucksrechtes noch aus den besonderen des photographischen Nachdrucksrechtes zu begründen ist. Bis zur Verwirklichung dieses Verlangens finden gemäss den gegebenen Erörterungen die Schutzbestimmungen der deutschen Nachdrucksgesetze über Werke der bildenden Künste auf photographische Originalaufnahmen und Nachbildungen Anwendung.

Verlag von I. Guttentag in Berlin.
Guttentag & Vahlen.

Druck von J. Draeger's Buchdruckerei (C. Feicht) in Berlin.

FSC
www.fsc.org
MIX
Papier | Fördert gute Waldnutzung
FSC® C083411

Kolibri 360 GmbH
Ferdinand-Jühlke-Straße 7
99095 Erfurt, Deutschland
produktsicherheit@kolibri360.de